शहीद ऊधम सिंह

शहीद ऊधम सिंह

पूनम यादव

प्रकाशक : **विद्या विकास एकेडेमी**
3637 नेताजी सुभाष मार्ग दरियागंज, नई दिल्ली–110002
 / संस्करण : 2025 / मूल्य : तीन सौ रुपए
मुद्रक : नरुला प्रिंटर्स, दिल्ली ISBN 978-93-84343-37-8

SHAHEED UDHAM SINGH
by Smt. Poonam Yadav ₹ 300.00
Published by **VIDYA VIKAS ACADEMY**
3637 Netaji Subhash Marg, Darya Ganj New Delhi-110002

प्रस्तावना

करीब दो सौ वर्षों की दासता के दौरान हमारे देश में ऐसे कई वीर सपूत हुए हैं, जिन्होंने मातृभूमि को स्वतंत्र कराने में अपनी जान की बाजी लगा दी। कई ऐसे वीर पुरुष भी इस धरती पर पैदा हुए, जिन्होंने अपनी निजी जिंदगी की दुश्वारियाँ झेलते हुए भी राष्ट्र-सेवा को सबसे ऊपर रखा और जो कुछ भी उनके पास था, उसे देश और आनेवाली पीढ़ियों के नाम पर न्योछावर कर दिया।

अंग्रेजों का शासन न केवल हमारे देश का शोषण कर रहा था, बल्कि भारतवासियों पर तरह-तरह के जुल्म भी कर रहा था। सन् 1857 की क्रांति भले ही अंग्रेजों को देश से बाहर करने में असफल रही थी, लेकिन उसका इतना असर तो हुआ ही था कि पूरे देश में अंग्रेजी सरकार के विरुद्ध जबरदस्त भावना पैदा कर दी थी। एक तरफ उदारवादी नेता थे, जो ब्रिटिश सरकार से बातचीत करके भारतीयों के लिए स्वायत्तता की माँग कर रहे थे, लेकिन दूसरी तरफ कई क्रांतिकारियों को यह लगने लगा था कि साम्राज्यवादी ब्रिटिश सरकार किसी भी तरह से अपनी सत्ता भारत से खत्म नहीं करेगी और उससे अनुरोध या अनुनय-विनय करने से कोई लाभ नहीं होगा। 1857 की क्रांति के असफल होने के बाद जालिम ब्रिटिश सरकार ने जिस तरीके से क्रांतिकारियों और उनका साथ देनेवालों पर जुल्म ढाए थे, वह भी एक

बड़ी मिसाल थी। क्रांतिकारियों का अपना पक्ष था और अपने तर्क थे; लेकिन उनसे उदारवादी सहमत नहीं थे।

मोहनदास करमचंद गांधी दक्षिण अफ्रीका में रंगभेदी सरकार के खिलाफ आवाज उठाने के बाद पूरे विश्व में मशहूर हो चुके थे और भारत आकर उन्होंने उदारवादियों की कमान सँभाल ली थी। चंद्रशेखर आजाद, भगत सिंह, राजगुरु, सुखदेव, मदनलाल ढींगरा जैसे कई क्रांतिकारी अपने तरीके से क्रांति की अलख जगाने में लगे थे। इनके तौर-तरीके कांग्रेस और उदारवादियों से अलग थे।

ब्रिटिश सरकार हर तरह से क्रांति की ज्वाला को दबाने में लगी थी और जो भी उसके विरुद्ध आवाज उठाता, उसे प्रताड़ित किया जाता। कई महान् सपूतों को फाँसी के फंदे पर लटका दिया गया। साम्राज्यवादी ब्रिटिश सरकार चुन-चुनकर ऐसे अफसरों को भारत में भेजती थी, जो हर तरह से भारतवासियों को कुचल सकें और क्रूर-से-क्रूर नीतियाँ बनाकर भारतीयों को अपमानित कर सकें।

भारत में अंग्रेजों ने 'फूट डालो, राज करो' की नीति अपनाकर सांप्रदायिक भेदभाव की नींव डाल दी थी। लेकिन क्रांतिकारी सभी धर्मों के लोगों को साथ लेकर चल रहे थे और ब्रिटिश सरकार की नीति कामयाब नहीं हो रही थी। क्रांतिकारियों की संख्या लगातार बढ़ती जा रही थी और ब्रिटिश सरकार के लिए उनसे निपटना मुश्किल होता जा रहा था। पंजाब में तो क्रांति की ज्वाला बहुत तेजी से भभक रही थी। पंजाब में हालात पर काबू पाना अंग्रेज सरकार के लिए काफी कठिन होता जा रहा था। ऐसे में सरकार और उसके अधिकारी अपनी-अपनी तरह से कुचक्र रचने में लगे थे, ताकि विद्रोह की आग को शांत किया जा सके। हालाँकि उसका ध्यान भारतीयों की कठिनाइयों और मुसीबतों पर बिल्कुल नहीं था और उसका परम ध्येय भारत, भारतवासियों एवं भारतीय संपदा का शोषण करके अपने देश को समृद्ध बनाना ही था।

भारतीयों के साथ शासन और सेना में भी काफी भेदभाव किया जाता था। पंजाब के बहादुर सैनिकों ने प्रथम विश्व युद्ध के समय काफी वीरता से ब्रिटिश सरकार की ओर से लड़ाई लड़ी थी; लेकिन अत्याचारी अंग्रेज सरकार उन सैनिकों को भी उनके उचित अधिकार से वंचित रखना चाहती थी। उसने फैसला किया कि पंजाब के सैनिकों को सेना के ऊँचे पदों पर तैनात नहीं किया जाएगा। उसकी सोच थी कि अगर ऊँचे और नीति-निर्माता पदों पर भारतीयों की नियुक्ति होने लगेगी तो वे मनमाने तरीके से भारत का शोषण नहीं कर पाएँगे। ब्रिटिश सरकार ने फैसला किया कि पंजाब के सैनिकों को सिर्फ सूबेदार के पद तक पदोन्नति दी जा सकती है, उससे ऊपर नहीं।

बात सिर्फ इतने तक ही सीमित नहीं थी। भारतीय नौजवान सेना में भरती होकर अपने ही देशवासियों पर जुल्म करने के इच्छुक नहीं थे; लेकिन सरकार युवाओं को जबरदस्ती सेना में भरती करती थी। कुछ अधिकारियों ने तो बाकायदा हर जिले में भरती किए जानेवाले सैनिकों की संख्या भी तय कर दी थी और जिले के कलेक्टर पर यह जिम्मेदारी डाल दी थी कि वह हर हाल में उतने सैनिक सेना में भरती करवाए। ऐसे सैनिकों की पदोन्नति का अवसर जब भी आता, तब उसकी रिपोर्ट किसी-न-किसी तरह से खराब कर दी जाती और उसे पदोन्नति से वंचित कर दिया जाता था। ऐसे में जनता में भारी असंतोष बढ़ता जा रहा था।

उधर वर्ष 1918 के आस-पास पंजाब में अकाल जैसी परिस्थिति पैदा हो चुकी थी। आम जनता बीमारियों और भुखमरी से परेशान थी। सरकार का दायित्व था कि लोगों को अनाज और चिकित्सा सुविधा उपलब्ध कराए। लेकिन सरकार के मन में तो जनता की तनिक भी चिंता नहीं थी। उसकी निगाह में तो सारे भारतीय गुलाम थे और दूसरे दर्जे के नागरिक थे। लोगों में असंतोष लगातार बढ़ता जा रहा था।

हालात इतने विस्फोटक हो गए थे कि लोग बस, सही नेतृत्व के इंतजार में थे और सभी के मन में अंग्रेज सरकार के विरुद्ध लड़ाई छेड़ देने की भावना बलवती हो रही थी।

ऐसे ही समय में 13 अप्रैल, 1919 को पंजाब के अमृतसर में जलियाँवाला बाग में वैशाखी के दिन बड़ी भारी आम सभा आयोजित की गई। उसमें लोग अंग्रेज सरकार द्वारा गिरफ्तार देशभक्त नेता डॉ. सत्यपाल और डॉ. सैफुद्दीन किचलू की रिहाई की माँग करने वाले थे और जालिम सत्ता से कैसे निपटा जाए, इसकी रणनीति बनाने वाले थे। आम सभा कांग्रेस की विचारधारा से प्रेरित थी और पूरी तरह से अहिंसा की नीति पर अमल करने वाले नेता और आम जनता उसमें शामिल हो रही थी।

हद तो तब हो गई, जब ब्रिटिश सरकार और पंजाब के तत्कालीन गवर्नर सर माइकल ओ डायर के आदेश पर अंग्रेज सेना के अधिकारी ब्रिगेडियर जनरल ई.एच. डायर ने निहत्थे देशभक्तों को चारों ओर से घेरकर गोलियाँ चलवा दीं और बड़ी संख्या में बेबस लोग मौके पर ही मौत के मुँह में समा गए। बड़ी तादाद में लोग हताहत हुए। जिन लोगों ने यह घटनाक्रम अपनी आँखों से देखा था और जो इस भीषण हत्याकांड से बच गए थे, उनके मन में अंग्रेज सरकार और उनके अधिकारियों के प्रति गहरी घृणा पैदा हो गई थी।

उस सभा में मौजूद एक युवक ऊधम सिंह नाम का भी था, जो किसी तरह पेड़ पर चढ़कर अपनी जान बचा पाया था; लेकिन मौत का मंजर उसने अपनी आँखों से देखा था। उसने देखा कि चारों तरफ से बंद जलियाँवाला बाग के मैदान में निकलने के रास्ते को घेरकर सैकड़ों हथियारबंद सैनिकों ने धुआँधार गोलीबारी की और लोग तड़प-तड़पकर मरते जा रहे थे। अंग्रेजों की यह हरकत शर्मनाक थी, क्योंकि जलियाँवाला बाग की आम सभा पूरी तरह से शांतिपूर्ण थी और उसमें शामिल लोग

किसी भी तरह के हथियार नहीं लिये थे। निरंकुश अंग्रेज अधिकारी को यह भी मंजूर नहीं हुआ और उसने भारतवासियों को हमेशा के लिए सबक सिखाने के इरादे से ऐसा घृणित कृत्य करने का निर्णय ले लिया और पंजाब के गवर्नर ने उसे इसकी सहमति भी दे दी।

अपने देशवासियों पर इतना घोर अत्याचार होता देखकर युवा ऊधम सिंह का खून भी खौल उठा। उसने तय किया कि भारतीयों के मान-सम्मान को कुचलने के इरादे से किए गए इस हत्याकांड का वह बदला अवश्य लेगा। उसके लिए हालात अनुकूल नहीं थे, लेकिन उसके मन में संकल्प जरूर था। उसकी धारणा थी कि मातृभूमि का कर्ज वह तभी उतार पाएगा, जब वह जलियाँवाला बाग हत्याकांड के जिम्मेदार अफसरों को मौत के घाट उतारेगा।

इसी सोच के साथ ऊधम सिंह क्रांतिकारी ऊधम सिंह बन गया। उसके जीवन का एक ही उद्‌देश्य था और वह था—जलियाँवाला बाग हत्याकांड का बदला लेना। हालाँकि उसके लिए इतने बड़े अफसरों तक पहुँचना मुश्किल ही नहीं, लगभग असंभव ही था; लेकिन जब मन में लगन हो और देशभक्ति की ज्वाला जल रही हो, तब क्या मुश्किल रह जाता है! जलियाँवाला बाग हत्याकांड से ऊधम सिंह के अंदर एक नया इनसान पैदा हो चुका था, जिसे मुश्किलों की परवाह नहीं थी। वह जानता था कि हत्यारे अफसरों से बदला लेने के कठिन कार्य में उसे जान की बाजी भी लगानी पड़ सकती है; लेकिन उसने तो हत्याकांड के दिन ही तय कर लिया था कि सैकड़ों निहत्थे भारतीयों की हत्या का बदला लेने के लिए अगर उसे स्वयं की जान भी गँवानी पड़े तो भी कोई बात नहीं। असल उद्‌देश्य था—भारतवासियों के स्वाभिमान को वापस लाना और अत्याचारी सरकार को यह बताना कि भारतीय अपने ऊपर होनेवाले अत्याचार को किसी भी तरह से बरदाश्त करने वाले नहीं हैं। उनके ऊपर हथियारों और सत्ता के बल पर अगर अत्याचार किया गया

तो वे भी इसका बदला लेने की कूवत रखते हैं। भले ही साधन और संसाधनों का उनके पास अभाव हो, लेकिन हौसला और लगन के बल पर वे अत्याचारियों को सबक सिखाने की हिम्मत रखते हैं।

ऊधम सिंह के अंदर प्रतिशोध और देशभक्ति की ज्वाला इतनी तीव्र हो गई थी कि जब कुछ सालों बाद उसे पता चला कि गोलीकांड करवानेवाला ब्रिगेडियर जनरल ई. एच. डायर इंग्लैंड जाकर बेहद बीमार हो गया और फिर कुछ साल तक बीमारी झेलते-झेलते उसकी मौत हो गई तो वह काफी निराश हुआ। उन्होंने तो जनरल डायर की हत्या को अपने जीवन का एकमात्र उद्देश्य बना लिया था। उसे अचानक लगने लगा कि उसका जीवन तो निरर्थक हो गया है। जिस जनरल डायर को वह अपने हाथों से मारना चाहता था, उसकी बीमारी से मौत होने की खबर सुनकर ऊधम सिंह एकदम स्तब्ध रह गया। उसकी निगाह में जलियाँवाला बाग हत्याकांड का सबसे बड़ा जिम्मेदार ब्रिगेडियर जनरल ई.एच. डायर ही था। बाद में ऊधम सिंह को उसके साथियों ने समझाया कि भले ही ई.एच. डायर मर गया हो, पर हत्याकांड की अनुमति देनेवाला पंजाब का तत्कालीन गवर्नर माइकल ओ डायर तो इंग्लैंड में अब भी जिंदा है और तत्कालीन भारत सचिव लॉर्ड जैटलैंड तो अभी जीवित हैं और वह भी जलियाँवाला बाग हत्याकांड के लिए जिम्मेदार हैं। यह सुनने के बाद ऊधम सिंह को कुछ चैन पड़ा और उसने तय किया कि वह माइकल ओ डायर तथा लॉर्ड जैटलैंड को मारकर अपना संकल्प पूरा करेगा।

इस संकल्प के साथ ही ऊधम सिंह को अपने जीने का उद्देश्य मिल गया था और बाकी जिंदगी उसने अपने इसी उद्देश्य को पूरा करने में लगा दी और आखिरकार इंग्लैंड जाकर माइकल डायर और जैटलैंड पर गोलियाँ दागने में सफल हुआ, जिसमें माइकल डायर की मौत हो गई और जैटलैंड बुरी तरह से घायल हुआ। लेकिन पंजाब से

निकलकर इंग्लैंड जाने और नामी अंग्रेज अफसरों तक पहुँचने का सफर ऊधम सिंह के लिए आसान नहीं रहा। हालाँकि कठिनाइयों का सामना करने की आदत तो उसे बचपन से ही पड़ गई थी। ऊधम सिंह के बचपन से लेकर क्रांतिकारी बनने और जलियाँवाला बाग हत्याकांड का बदला लेने और मातृभूमि के लिए फाँसी के फंदे पर झूलने तक की कहानी आगे के अध्यायों में दी गई है।

अनुक्रम

बचपन

महान् क्रांतिकारी ऊधम सिंह का असली नाम शेर सिंह था। उनके माता-पिता ने उनका बहादुरी भरा स्वभाव देखकर ही उनका नाम 'शेर सिंह' रखा था। आगे चलकर अपने महान् उद्देश्य को हासिल करने के लिए उन्होंने समय-समय पर अपने कई और नाम भी रखे, जिनमें से 'ऊधम सिंह' सबसे अधिक ख्यात हुआ। शेर सिंह का जन्म 26 दिसंबर, 1899 को पंजाब के संगरूर जिले में स्थित गाँव सुनाम में हुआ था। शेर सिंह के एक बड़े भाई थे, जो स्वभाव से बिल्कुल सीधे-सादे थे। घरवालों ने उनके स्वभाव के अनुरूप उनका नाम 'साधु सिंह' रखा था। शेर सिंह का बचपन काफी मुश्किलों भरा रहा और सच तो यह है कि ये मुश्किलें तमाम उम्र उन्हें घेरे रहीं। उनके पिता का मूल नाम चूहड़राम जाटव और माता का नाम नारायणी देवी था। चूहड़राम और नारायणी उत्तर प्रदेश के एटा जिले के पटियाली गाँव के रहनेवाले थे। सन् 1857 के बाद जीवन-यापन करने और आजीविका की तलाश में ऊधम सिंह के दादा बसाऊ पंजाब के संगरूर, जिला पटियाला के गाँव सुनाम चले आए थे। वहीं पर चूहड़राम और नारायणी के घर शेर सिंह का जन्म हुआ था। चूहड़राम ने करीब दो वर्षों तक गोविंदगढ़ किले के पास पशुओं के एक व्यापारी के घर नौकरी कर ली। व्यापारी की मृत्यु के बाद चूहड़राम के सामने नौकरी का संकट खड़ा हो गया।

उस वक्त पंजाब में संपन्न सिख परिवारों के ईंट-भट्ठों में मजदूरी का काम आसानी से मिल जाया करता था। चूहड़राम को ऐसे ही एक ईंट-भट्ठे में मेहनत-मजदूरी का काम करना पड़ा।

ऊधम सिंह के माता-पिता ने गुरुद्वारे में अमृत चखा और सिख धर्म को अपना लिया। इसके बाद चूहड़राम बन गए टहल सिंह और नारायणी देवी बन गईं नारायणी कौर। आज भी सुनाम में लोग इन्हें इसी नाम से जानते हैं। जहाँ तक ऊधम सिंह के पूर्वजों की जाति और पेशे की बात है, तो इस बारे में जो जानकारी मिलती है, उसके मुताबिक ऊधम सिंह के पूर्वज कमोऊँ जाति के थे। उनका पेशा लकड़ी और लोहे का काम करना, जैसे बुनकरों का ताना-बाना बनाना, धान कूटने की ओखली तैयार करना, खेती में काम आनेवाले औजार, जैसे हल और जुआठ और लोहे के फाल आदि बनाना था। आगे चलकर कैसे ऊधम सिंह ने भी बढ़ईगीरी और पेंटर का काम किया। ऊधम सिंह के परिवार के लोग मजदूरी भी करते थे। उनमें से ऊधम सिंह के पिता चूहड़राम भी शामिल थे। संगरूर जनपद में उस वक्त कमोऊँ जाति के लोग बड़ी तादाद में थे। इस वजह से संगरूर को 'कमोडिया देश' भी कहा जाता था। हालाँकि ऊधम सिंह ने आगे चलकर अपना नाम 'राम मोहम्मद सिंह आजाद' रखा, जिससे साफ होता है कि वह जाति और धर्म से ऊपर थे।

ऊधम सिंह के पिता अकसर बीमार रहते थे। ईंट-भट्ठे की मजदूरी से बस किसी तरह परिवार का पेट पल रहा था। सुनाम के रायपुरिया मोहल्ले में ऊधम सिंह का परिवार रहता था। ऊधम सिंह का जन्म जिस घर में हुआ था, वह एक खास किस्म की ईंटों से बना था। उन ईंटों की वजह से आज भी वह मकान खड़ा है। इससे यह बात भी साफ होती है कि ऊधम सिंह का परिवार सन् 1857 के बाद से यहीं रह रहा था। आज भी ऊधम सिंह की चचेरी बहन आशा कौर का परिवार सुनाम में

रहता है। उनके बेटे बचन सिंह गाँव में खेती करते हैं। ऊधम सिंह के मकान में दो चारपाई, अनाज पीसने के लिए पत्थर की एक चक्की और कुछ बरतन के सिवाय कुछ नहीं था। शेर सिंह जब तीन साल के ही थे, तभी उनकी माता नारायणी देवी का देहांत हो गया था। उनका बचपन बिना माता के सान्निध्य के ही बीता।

चूहड़राम का परिवार काफी गरीब था और रोजी-रोटी कमाना उनके लिए काफी मुश्किल था। कुछ दिनों तक उन्होंने सब्जी बेचने का भी काम किया। वे आसपास के गाँवों में घोड़ागाड़ी पर सब्जी रखकर बेचने जाया करते थे और जो थोड़ी-बहुत आमदनी होती, उसी से वे गुजर-बसर किया करते थे। स्वभाव से काफी सीधे और सज्जन चूहड़राम ने कुछ दिनों रेलवे विभाग के ओवरसियर धन्ना सिंह के यहाँ भी काम किया। धन्ना सिंह उनकी मेहनत और सीधे स्वभाव से काफी प्रभावित हुए और उन्होंने चूहड़राम की काफी मदद की। उन्होंने चूहड़राम को रेलवे में भी एक नौकरी दिलवा दी। सुनाम और संगरूर गाँव के बीच उपली गाँव में रेलवे क्रॉसिंग गेट पर उनकी ड्यूटी लगा दी गई।

चूहड़राम की ड्यूटी ऐसी जगह पर थी, जहाँ उनका वास्ता आएदिन जंगली जानवरों से पड़ता था। यहाँ तक कि गाँव में भी मौका लगते ही जंगली जानवर घुस आते थे और पालतू जानवरों को खा जाया करते थे। एक बार तो जब चूहड़राम अपनी ड्यूटी पर थे, तभी एक बाघ उनके घर में घुस आया था। घर पर शेर सिंह ही थे, लेकिन उन्होंने बिना डरे उस बाघ का मुकाबला किया और कुल्हाड़ी से बाघ पर धावा बोल दिया। बाघ बेचारा जान बचाकर भाग खड़ा हुआ। शेर सिंह की बहादुरी की हर ओर सराहना होने लगी। हालाँकि जंगली जानवरों का प्रकोप वहाँ पर लगातार बना रहा। किसी तरह की अनहोनी से बचने के लिए चूहड़राम ने नौकरी छोड़ दी और अमृतसर आ गए।

धार्मिक स्वभाव के चूहड़राम अमृतसर जाते समय बीमार हो गए

थे। अमृतसर पहुँचकर उन्होंने साधुओं की शरण ली। चूहड़राम का स्वभाव मेहनती और दूसरों की सेवा-टहल करनेवाला था। तरणतारण में साधुओं के आश्रम में भी वे साधुओं की सेवा-टहल करते रहते थे। इसी वजह से उनका नाम 'टहल सिंह' भी पड़ गया था। रहने का ठिकाना तो उनके पास हो गया था, लेकिन कठिनाइयाँ पीछा नहीं छोड़ रही थीं। अमृतसर आते समय रास्ते में वे जो बीमार हुए, वह बीमारी लगातार बनी रही। कोई चारा न देख टहल सिंह परेशान हो गए। उन्हें अपने दोनों बच्चों की भी चिंता हो रही थी, जो उनके साथ ही दुर्भाग्य की चक्की में पिस रहे थे। मजबूर होकर उन्होंने एक साधु से याचना की कि वह उनके दोनों बच्चों को कुछ समय तक अपने पास अपनी देखरेख में रख लें। साधु उनकी सज्जनता और सेवाभाव से काफी प्रभावित था। वह सहज ही मान गया। साधु ने टहल सिंह से कहा कि वे बेफिक्र होकर अपना इलाज करवाएँ और जब ठीक हो जाएँ, तब वह अपने बच्चों को ले जाएँ।

इस तरह से टहल सिंह के दोनों बच्चे साधु सिंह और शेर सिंह साधुओं के भंडारे में पलने-बढ़ने लगे। कुछ दिनों बाद उनके एक रिश्तेदार चंचल सिंह की नजर इन दोनों बच्चों पर पड़ी तो वे इन्हें पहचान गए। चंचल सिंह ने तुरंत दोनों बच्चों को अपने पास रख लिया और उनसे टहल सिंह के बारे में पूछा। बच्चों से टहल सिंह का पता लेकर वे उनसे मिले और उन्हें अस्पताल में भरती करवा दिया। हालाँकि दुर्भाग्य ने टहल सिंह और उनके दोनों बच्चों का पीछा तब भी नहीं छोड़ा और उनकी तबीयत बिगड़ती चली गई। एक दिन अस्पताल में ही उनकी मौत हो गई। साधु सिंह और शेर सिंह दोनों बिल्कुल अनाथ हो गए। माता तो पहले ही चल बसी थी और अब पिता भी उनका साथ छोड़ गए थे। मात्र पाँच वर्ष की उम्र में ही शेर सिंह के माता-पिता दोनों चल बसे थे।

इतनी छोटी सी उम्र में शेर सिंह को इतने दुर्भाग्य का सामना करना पड़ रहा था। वह तो जीवन और मौत के बारे में भी कुछ नहीं जानते थे। पिता का अंतिम संस्कार तक पड़ोसियों ने ही किया। दोनों भाई तो बस, इस चिंता में डूबे थे कि कल से क्या होगा? कौन उनकी देखरेख करेगा और कौन इन्हें खिलाएगा-पिलाएगा?

ऐसे में उनका मार्गदर्शन करने उनके एक शिक्षक पं. जयचंद्र शर्मा आए। सुबह-सुबह जब शेर सिंह ने दरवाजा खोला तो देखा कि उनके प्रिय शिक्षक शर्माजी दरवाजे पर ही खड़े थे। जयचंद्र शर्मा ने दोनों भाइयों के सिर पर प्यार से हाथ फेरा और सांत्वना दी। दोनों अबोध बच्चों को उन्होंने जीवन-मृत्यु की कड़वी सच्चाई के बारे में बताया और जीने का हौसला दिया। उन्होंने दोनों भाइयों को यह भी समझाया कि हर हालत में वे अपनी पढ़ाई जारी रखें, क्योंकि बिना पढ़ाई के वे अपना भविष्य नहीं सुधार पाएँगे। पं. जयचंद्र शर्मा ने ही उनके कुछ रिश्तेदारों को सलाह दी और उनसे अनुरोध किया कि दोनों भाइयों का पालन-पोषण करने में मदद करें। उनके समझाने पर कुछ रिश्तेदार दोनों दुर्भाग्यग्रस्त भाइयों को अपने साथ रखने के लिए तैयार हो गए।

उनके रिश्तेदार भी ऐसी हालत में दोनों बच्चों को ज्यादा दिन तक अपने साथ नहीं रख पाए। अपनी धार्मिक गतिविधियों के लिए उन्हें बर्मा जाना था और अब उनके सामने समस्या थी कि वे इन दोनों बच्चों का क्या करें? दुर्भाग्यग्रस्त दोनों बच्चों—शेर सिंह और साधु सिंह—को उन्होंने 24 अक्तूबर, 1907 को अमृतसर में केंद्रीय खालसा अनाथालय, पुतलीघर में भरती करवा दिया। अब दोनों भाइयों का पालन-पोषण उसी अनाथालय के सख्त अनुशासन में होने लगा। हालाँकि अनाथालय में रहनेवाले बच्चों के लिए वहाँ काफी अच्छी व्यवस्था थी और यहाँ तक कि उनकी पढ़ाई-लिखाई और रोजगार के भी प्रबंध किए जाते थे। माता-पिता भले ही स्वर्ग सिधार चुके थे, लेकिन अनाथालय में शेर

सिंह और साधु सिंह को काफी सज्जनों का प्यार और स्नेह मिला।

अनाथालय की जिम्मेदारी जिन सोहन सिंह पर थी, वह भी शेर सिंह और साधु सिंह के लिए अपरिचित नहीं थे। सोहन सिंह उन्हीं धन्ना सिंह के बेटे थे, जिन्होंने टहल सिंह को रेलवे में नौकरी दिलवाने में मदद की थी। सोहन सिंह ने दोनों बच्चों को अपनी ओर से काफी प्यार-दुलार दिया और उनकी पत्नी माया देवी ने भी उन बच्चों को माँ का प्यार देने की कोशिश की।

सोहन सिंह और माया देवी की देखरेख में केंद्रीय खालसा अनाथालय में शेर सिंह और साधु सिंह बड़े होने लगे। धार्मिक परिवेश का भी उनपर काफी असर पड़ा और वे दोनों अकाल तख्त और हरमिंदर साहब में अकसर जाने लगे। सिख धर्म का उनपर गहरा प्रभाव पड़ा तो उन्होंने उसकी दीक्षा ले ली। इस तरह से शेर सिंह का नाम 'उदे सिंह' और साधु सिंह का नाम 'मोटा सिंह' रख दिया गया। पढ़ाई-लिखाई में दिलचस्पी देखकर अनाथालय के प्रबंधकों ने उनका दाखिला खालसा कॉलेज में भी करा दिया। रोजगार के लिहाज से आत्मनिर्भर बनाने के इरादे से शेर सिंह उर्फ उदे सिंह को सिलाई का काम भी सिखलाया जाने लगा। इतना ही नहीं, वे गीत-संगीत की भी शिक्षा लेने लगे और ऐसा लगने लगा कि कठिनाइयों के दिन खत्म होते जा रहे हैं और धीरे-धीरे जिंदगी सही रास्ते पर आने लगी है। लेकिन दुर्भाग्य इतनी आसानी से पीछा छोड़ने वाला कहाँ था!

उदे सिंह और मोटा सिंह को अनाथालय में सबका प्यार मिलता था, लेकिन यह भी सच्चाई थी कि उनका एक-दूसरे के सिवा कोई और नहीं था। ऐसे में जब लग रहा था कि दोनों की जिंदगी कुछ सँवरने लगी है, तभी सन् 1913 में साधु सिंह उर्फ मोटा सिंह को निमोनिया हो गया और देखते-ही-देखते उनकी मौत हो गई। शेर सिंह उर्फ उदे सिंह पूरी दुनिया में एक बार फिर अकेले हो गए। माता-पिता तो बचपन में ही चल बसे

थे और अब बड़ा भाई भी उनका साथ छोड़ चला था। मात्र चौदह वर्ष की उम्र में ही उदे सिंह इस असार संसार में एकदम अकेले थे। न कोई आगे, न कोई पीछे। ऐसी ही विकट परिस्थिति में उदे सिंह अपनी पढ़ाई में लगे रहे। ऐसे में ही उन्होंने हाई स्कूल की परीक्षा पास की।

शेर सिंह उर्फ उदे सिंह ने पं. जयचंद्र शर्मा के मार्गदर्शन का पूरा-पूरा लाभ उठाया। जो सबक उन्होंने जिंदगी के बारे में दिए थे, उनपर अमल करने में उन्होंने कभी चूक नहीं की। अपनी चंचल प्रवृत्ति के बावजूद पढ़ाई में उन्होंने मन लगाया और पंजाबी, उर्दू व हिंदी का अच्छा ज्ञान हासिल किया था। इतना ही नहीं, उन्होंने अंग्रेजी की पढ़ाई भी मन लगाकर की और उसका भी अच्छा ज्ञान हासिल किया। आजीविका के सीमित अवसरों को देखते हुए उन्होंने अपने पैतृक व्यवसाय यानी बढ़ईगीरी के गुर भी सीखे, जो आगे चलकर उनके काम भी आया। वास्तव में, उनका भाषा ज्ञान और बढ़ईगीरी दोनों ने उनके उद्देश्य को पूरा करने में मदद की। इस तरह से पं. जयचंद्र की बात आगे चलकर सच साबित हुई कि बिना शिक्षा और ज्ञान के भविष्य सँवार पाना काफी कठिन है। फिर उदे सिंह तो वैसे भी विपत्ति के मारे थे। उनकी जमा-पूँजी के नाम पर यह ज्ञान ही तो था। इसके अलावा न किसी का सहारा था और न ही आड़े वक्त के लिए किसी तरह की धन-संपत्ति। यहाँ तक कि मानसिक सहारे के लिए परिवार में भी कोई नहीं बचा था।

ऐसे में ही उन्हें एक बार अपने रिश्ते के मामा सरदार जिवा सिंह के बारे में पता लगा। उन्हें अपनी सारी उम्मीदें अपने उसी मामा में दिखीं। वे जिवा सिंह के पास पहुँच गए। जिवा सिंह ने भी उन्हें अपने पास रख लिया और खेती के काम में लगा दिया। हालाँकि वहाँ पर उनका मन नहीं लगा और जल्द ही वे अपने अनाथालय वापस आ गए।

अनाथालय में रहते हुए अब उनका ध्यान देश-विदेश की खबरों और घटनाओं पर जाने लगा था। चाहे प्रथम विश्व युद्ध हो या भारत में

कहीं होनेवाली घटनाएँ, सब पर ऊधम सिंह का ध्यान जाने लगा। देश-विदेश में होनेवाली घटनाओं के प्रति वे जागरूक और सचेत होने लगे थे। उन्हें यह भी समझ आने लगा था कि हमारा देश स्वतंत्र नहीं है और ब्रिटिश लोग हम पर राज कर रहे हैं। अनाथालय में अपने चंचल स्वभाव के कारण सब ओर ऊधम सिंह अपने नाम को सार्थक करने लगे थे। पहले विश्व युद्ध के लिए जिम्मेदार परिस्थितियों पर ऊधम सिंह का विशेष ध्यान जाने लगा था। उन्हें जल्द ही समझ में आ गया कि प्रथम विश्व युद्ध का प्रभाव सिर्फ उसमें शामिल देशों पर ही नहीं पड़ रहा था, बल्कि भारत जैसे उन देशों पर भी पड़ रहा था, जो ब्रिटिश सत्ता के गुलाम थे। यह बात ऊधम सिंह को कहीं-न-कहीं उस अवस्था में भी अखरने लगी थी।

पं. जयचंद्र शर्मा के सान्निध्य की वजह से उन्हें देशभक्ति के संस्कार भी मिलने लगे थे। सन् 1857 के प्रथम स्वतंत्रता संग्राम के बारे में भी उन्हें पता चला और फिर जब भी समय मिलता, वे इस स्वतंत्रता संग्राम के इतिहास को पढ़ने लगते। क्रांतिकारियों का जीवन-चरित्र उन्हें विशेष रूप से प्रेरित करता था।

अमर शहीद मदनलाल ढींगरा जैसे चरित्र उन्हें सबसे अधिक आकर्षित करते थे। मदनलाल ढींगरा ने इंग्लैंड में रह रहे भारतीयों को एकजुट करके वहाँ पर अंग्रेजी सत्ता के खिलाफ बिगुल बजाया था। क्रांतिकारी विचारधारा से ओत-प्रोत मदनलाल ने संपन्न और प्रतिष्ठित परिवार में जन्म लेने के बावजूद अंग्रेजों की चापलूसी करना पसंद नहीं किया और विद्रोह की राह पकड़ ली थी। ब्रिटेन में ही उन्होंने कर्जन वायली की हत्या करके अंग्रेजी सरकार को उखाड़ फेंकने की कोशिश की थी और फाँसी के फंदे पर झूल गए थे।

विश्व युद्ध में भारत को भी ब्रिटेन की ओर से भाग लेना पड़ा था। भारतीयों को इसके लिए राजी करने के लिए ब्रिटिश सत्ता ने कई तरह

के प्रलोभन दिए थे और वादे किए थे। अंग्रेजों ने यहाँ तक कह दिया था कि युद्ध समाप्त होने के बाद वे भारत को स्वायत्तता देने पर भी विचार करेंगे। भारतीयों के मन में स्व-शासन की जबरदस्त चाह जग चुकी थी, इसलिए वे प्रथम विश्व युद्ध में पूरी सक्रियता से जुट गए। अहिंसा के जरिए स्वतंत्रता की लड़ाई लड़ रहे महात्मा गांधी ने भी भारतीयों से इस युद्ध में इंग्लैंड का साथ देने की अपील कर डाली थी।

पंजाब समेत देश के अन्य इलाकों में सेना की सीधी भरती शुरू कर दी गई थी। झुंड-के-झुंड भारतीय युवा सेना में भरती होने लगे। युवा ऊधम सिंह भी उत्साहपूर्वक सेना में भरती के लिए पहुँच गए। परिवार में तो उनके और कोई बचा नहीं था, इसलिए यह बात उनके मन में स्वाभाविक रूप से आई कि अपना जीवन देश के लिए ही समर्पित कर दिया जाए तो कुछ तो सार्थकता रहेगी। अमृतसर में भरती केंद्र पर ऊधम सिंह की शारीरिक जाँच-पड़ताल हुई और उन्हें हर तरह से फिट पाकर 48 रुपए के वेतन पर डेढ़ साल के अनुबंध पर सेना में भरती कर लिया गया। इस तरह अनाथ ऊधम सिंह अब सैनिक ऊधम सिंह बन चुके थे। उन्हें बुंबई और फिर वहाँ से बसरा भेज दिया गया और एक मोटरबोट की जिम्मेदारी सौंपी गई। वहाँ पर ऊधम सिंह ने छह महीने तक ड्यूटी निभाई। वहाँ पर यूरोपीय लोगों के काम-काज के तरीके ऊधम सिंह को नापसंद आते थे। खुद यूरोपीय कर्मचारियों ने भी ऊधम सिंह को वहाँ से हटाने की सिफारिश कर दी। इसके बाद ऊधम सिंह को वापस भारत भेज दिया गया। ऊधम सिंह एक बार फिर से बेरोजगार और निराश्रित हो गए। उनके पास बचत के नाम पर भी ज्यादा कुछ नहीं था।

ऊधम सिंह वापस अपने गाँव आ गए, लेकिन गाँव में भी वे क्या करते! आखिरकार वे एक बार फिर से खालसा अनाथालय ही पहुँच गए। कुछ दिन रहने के बाद उन्होंने फिर से सेना में भरती होने की

कोशिश की। इस बार उन्हें यह मौका लाहौर में मिला और काम वही बढ़ई का सौंपा गया। इस बार भी उन्हें समुद्री यात्रा का मौका मिला और उन्हें बगदाद भेज दिया गया। इस बार एक वर्ष के लिए उन्हें अनुबंधित किया गया था। जब एक वर्ष पूरा हो गया तो ऊधम सिंह फिर से भारत वापस आ गए।

ऊधम सिंह को अपनी नौकरी के दौरान समुद्री यात्रा का अवसर मिलता था और देखा जाए तो उनकी जिंदगी भी समुद्र की लहरों की तरह ही हो रही थी। किसी भी तरह से वे अपनी जिंदगी को व्यवस्थित स्वरूप नहीं दे पा रहे थे। वे जितना सँभलने की कोशिश करते, विपत्तियाँ उतना ही उनका रास्ता कठिन कर देती थीं। हालाँकि ऊधम सिंह भी कम नहीं थे। वे बिना घबराए परिस्थितियों का सामना किए जा रहे थे।

इस बार ऊधम सिंह ने बुंबई में एक कंपनी में काम करना शुरू किया, लेकिन समस्या उनके स्वास्थ्य को लेकर खड़ी हो गई। वे अकसर बीमार रहने लगे। मजबूरन वापस अपने गाँव सुनाम लौट आए। कुछ दिन रहने के बाद वे एक बार फिर खालसा अनाथालय पहुँच गए।

नौजवान उदय सिंह ऊर्फ ऊधम सिंह ने प्रथम विश्व युद्ध से पहले और उसके बाद अंग्रेजों के रवैए में एक बड़ा फर्क देखा। ऊधम सिंह देश के उन लाखों नौजवानों में से एक थे, जो समझते थे कि विश्व युद्ध में हिंदुस्तान को अंग्रेजों का साथ देना चाहिए। गांधीजी के ऐलान के बाद भक्तिभाव से ये नौजवान ब्रिटिश साम्राज्य की रक्षा के लिए युद्ध में कूद पड़े थे। करीब साढ़े बारह लाख भारतीय सैनिक और श्रमिक युद्ध लड़ने से लेकर रसद और गोला-बारूद पहुँचाने के काम में जुटे थे। ऊधम सिंह जैसे हिंदुस्तान के सैनिक यूरोप, अफ्रीका और मध्य-पूर्व के देशों में जाकर लड़े। इससे पहले 1857 की क्रांति से अंग्रेजों के दिमाग में यह डर बैठ गया था कि हिंदुस्तानियों पर कभी भी यकीन नहीं किया जा सकता। लेकिन प्रथम विश्व युद्ध में हिंदुस्तानियों ने तन, मन और

धन से ब्रिटिश साम्राज्य की सेवा की।

प्रथम विश्व युद्ध समाप्त होते ही अंग्रेज पलट गए। युद्ध में करीब 43 हजार भारतीय सैनिक अंग्रेजों के लिए लड़ते हुए शहीद हो गए थे। युद्ध के बाद देश में महँगाई आसमान छूने लगी। अंग्रेजी सरकार ने अपने नुकसान की भरपाई के लिए हिंदुस्तान पर टैक्स का बोझ बढ़ा दिया। विश्व युद्ध के दौरान विदेशी व्यापार ठप पड़ जाने से देश की माली हालत भी बिगड़ चुकी थी। इतना सबकुछ होने के बावजूद अंग्रेज भारत को आजादी देने के वादे से पलट गए। पंजाब के गवर्नर माइकल ओ डायर जैसे ब्रिटिश अफसर यह मानते थे कि भारतीय अगले सौ वर्षों तक भी राज-काज खुद से चलाने के काबिल नहीं हो पाएँगे।

अंग्रेजों के विश्वासघात से एक बार फिर हिंदुस्तान में स्वतंत्रता के लिए संघर्ष तेज हो गया। कांग्रेस, जो दो गुटों—नरम और गरम दल में बँट गई थी, फिर से एक हो गई। इधर राजनीतिक संघर्ष की तैयारियाँ चल रही थीं, उधर क्रांतिकारी अपने तरीके से अंग्रेजों को भारत से खदेड़ने में जुट गए थे। बंगाल और पंजाब में क्रांतिकारियों की गतिविधियाँ बढ़ गई थीं।

इस आग में घी डालने का काम अंग्रेजों ने एक दमनकारी कानून लागू कर किया। 'रौलेट ऐक्ट' नाम का एक ऐसा कानून पारित किया गया, जिसके अनुसार भारतीयों के सारे अधिकार छीन लिये गए। उनके ऊपर कोई भी आरोप लगाकर बिना मुकदमा चलाए सीधे सजा सुनाई जा सकती थी। न तो भारतीयों को अपना पक्ष रखने का मौका मिलता था, न ही वे किसी वकील की मदद ले सकते थे और फैसले के खिलाफ किसी तरह की अपील का तो सवाल ही पैदा नहीं होता था। अंग्रेजों ने खुलेआम हिंदुस्तानियों को कोड़े लगाना शुरू कर दिया। सेना के कमीशंड अधिकारी के सामने भारतीयों को झुकना पड़ता था। जो नहीं झुकता था, उसे बीच सड़क पर पीटा जाता था।

भारतीयों में इस कानून के प्रति विद्रोह की भावना पैदा होने लगी। देश में कई जगह इस कानून को वापस लेने की माँग उठने लगी। महात्मा गांधी के नेतृत्व में देश भर में इस कानून का विरोध होने लगा। सबसे अधिक कड़ा प्रतिरोध पंजाब में हो रहा था। पंजाब में कई जगह क्रांतिकारियों ने अपने गढ़ बना लिये थे और बड़ी संख्या में युवा उनमें शामिल होने लगे थे।

अंग्रेज सरकार भारतीयों को पूरी तरह से अपने कब्जे में रखना चाहती थी, लेकिन सरकार के दायित्व पूरे नहीं करना चाहती थी। विश्व युद्ध के बाद देश में अकाल की स्थिति भी पैदा होने लगी थी। कई जगह बीमारी और भुखमरी फैलने लगी थी और अंग्रेज सरकार सिर्फ अपना खजाना भरने में लगी थी। भारत को लूटकर अपने देश को संपन्न बनाना उसका एकमात्र उद्देश्य दिखता था।

पंजाब में किसानों में भी बहुत ज्यादा आक्रोश था। उनकी खेती बरबाद हो रही थी और अंग्रेज सरकार को उनकी बिल्कुल भी चिंता नहीं थी। किसानों को सुविधाएँ देने के बजाय उसने नहरों के पानी पर भी कर लगा दिया था। कर वसूलने के दौरान सरकारी कर्मचारी किसानों पर तरह-तरह के अत्याचार भी करते थे।

युवा ऊधम सिंह भी इस माहौल से अछूते कैसे रह सकते थे! उनका भी उठना-बैठना क्रांतिकारी विचारधारा के लोगों के साथ होने लगा था। उनकी व्यक्तिगत परिस्थितियाँ भी ऐसी थीं, जिनकी वजह से स्वाभाविक रूप से उनका रुझान क्रांतिकारी गतिविधियों की ओर होने लगा था। घर-परिवार में न उनकी कोई चिंता करनेवाला था और न ही उन्हें किसी की देखभाल करनी थी। ऐसे में उन्होंने पूरे देश को ही अपना परिवार मान लिया था और देश को स्वतंत्र देखने की चाह मन में पैदा कर ली थी।

गांधीजी ने अहिंसात्मक तरीके से सरकार के विरोध करने का

रास्ता सुझाया था, जिसे उन्होंने सत्याग्रह का नाम दिया। बड़े पैमाने पर लोग गांधीजी के साथ जुड़ने भी लगे थे। लेकिन कुछ नौजवानों की धारणा इससे अलग थी। इन क्रांतिकारियों का मानना था कि अंग्रेज सरकार पूरी तरह से दमन पर उतर आई है और उसके अंदर इतनी नैतिकता ही नहीं है कि वह सत्याग्रह की भाषा समझ सके। भारतीयों को वह एक नागरिक को दिए जानेवाले सामान्य अधिकार तक तो देने को तैयार नहीं है, ऐसे में उसे अहिंसा की भाषा क्या समझ आएगी!

उन लोगों ने गांधीजी के प्रति पूरा आदर-सम्मान तो रखा, लेकिन काम करने का तरीका अपना अलग रखा। वे गोली का जवाब गोली से देना चाहते थे और अंग्रेजों को किसी-न-किसी तरह से देश से बाहर करना चाहते थे। साधन कोई भी अपनाने में उन्हें परहेज नहीं था। युवा ऊधम सिंह भी बचपन से अपने चंचल स्वभाव के कारण उन्हीं क्रांतिकारियों की विचारधारा के अधिक नजदीक थे। अपने गुरु पं. जयचंद्र शर्मा की सहमति से वे इन क्रांतिकारियों की सभाओं में भी हिस्सा लेने लगे। इस तरह से एक अनाथ ऊधम सिंह को अपने लिए एक सार्थक उद्‌देश्य भी दिखने लगा था।

□

तत्कालीन परिस्थितियाँ और जलियाँवाला बाग

प्रथम विश्व युद्ध के बाद हिंदुस्तानियों से विश्वासघात करनेवाले अंग्रेजों को आएदिन अपने खिलाफ किसी साजिश का डर सता रहा था। अंग्रेज अफसरों में अकसर किसी साजिश या विद्रोह की आशंका को लेकर बातचीत हुआ करती थी। उन्हें कोई सीधा-सादा नौजवान भी दिखता तो वे उसे शक की निगाह से ही देखते थे। किसी भी प्रकार की बैठक, समारोह या जुलूस को अंग्रेजी राज के खिलाफ साजिश का हिस्सा मान लिया जाता था। इस माहौल में 'रोलेट एक्ट' ने अंग्रेजी अफसरों को हिंदुस्तानियों के खिलाफ शक की बुनियाद पर भी कठोर कदम उठाने के अधिकार दे दिए। ऊधम सिंह इन बातों से अच्छी तरह वाकिफ थे। प्रथम विश्व युद्ध के बाद बेरोजगारी और बेकारी से उनका गुस्सा भी आम नौजवानों की तरह अंग्रेजी हुकूमत के खिलाफ था।

देश भर में 'रोलेट एक्ट' के खिलाफ लोगों का गुस्सा बढ़ता जा रहा था। गांधीजी ने इस एक्ट का विरोध करने के लिए देशव्यापी आंदोलन छेड़ रखा था। पंजाब में आंदोलन ने कुछ ज्यादा ही उग्र रूप ले रखा था। यहाँ गांधीजी के निर्देशों का पालन करते हुए लोगों को एकजुट करने में लगे थे डॉ. सत्यपाल और डॉ. सैफुद्दीन किचलू। पेशे से दोनों

डॉक्टर थे; एक हिंदू तो दूसरा मुसलमान। सांप्रदायिक एकता और अंग्रेजों के खिलाफ दोनों की एकजुटता ने अंग्रेजों की नींद हराम कर रखी थी। लोगों पर उनका ऐसा असर था कि पंजाब में उनकी एक आवाज पर लोग घर-बार छोड़ सड़कों पर उतर आते थे। ऊधम सिंह के दिल में भी उन दोनों नेताओं के लिए उतनी ही इज्जत थी।

ये दोनों नेता पंजाब के गवर्नर माइकल ओ डायर की आँखों में काँटे की तरह चुभ रहे थे। गांधीजी के आह्वान पर 30 मार्च को पूरे देश में 'बंद' रखा गया। अमृतसर में भी 'बंद' का जबरदस्त असर दिखा। डॉ. सत्यपाल और डॉ. किचलू ने पंजाब के गवर्नर के सामने 'रोलेट एक्ट' वापस लेने की माँग रखी। माइकल ओ डायर को दोनों नेताओं पर बड़ा भारी गुस्सा आया।

माइकल ओ डायर ने तत्काल पंजाब के तमाम जिलाधिकारियों को सभाओं पर रोक लगाने का आदेश दिया। अमृतसर के डिप्टी कमिश्नर को माइकल ओ डायर ने एक खास हुक्म दिया। इस हुक्म की तामील करते हुए 10 अप्रैल, 1919 को डिप्टी कमिश्नर माइकल इरविन ने एक चाल चली। उसने डॉ. सत्यपाल और डॉ. किचलू को अपने घर बातचीत के लिए बुलाया। दोनों नेता जैसे ही इरविन के घर पहुँचे, उन्हें गिरफ्तार कर लिया गया। दोनों नेताओं को पंजाब से बाहर एक अज्ञात जगह पर भेज दिया गया।

अंग्रेजों ने लोगों के चहेते नेता डॉ. सत्यपाल और डॉ. सैफुद्दीन किचलू को गिरफ्तार कर लिया। अंग्रेजों ने सोचा, उनकी गिरफ्तारी से आंदोलन ठप पड़ जाएगा। लेकिन उनकी गिरफ्तारी ने आग में घी का काम किया। गिरफ्तारी की खबर मिलते ही लोगों ने 10 अप्रैल को अमृतसर के डिप्टी कमिश्नर के घर का घेराव किया। प्रदर्शनकारी गिरफ्तार किए गए नेताओं की रिहाई की माँग कर रहे थे। शांतिपूर्ण प्रदर्शन पर सेना की एक टुकड़ी ने फायरिंग कर दी। इस फायरिंग में कई लोग मारे

गए। उस दिन अमृतसर में रेलवे स्टेशन, टाउन हॉल, सरकारी दफ्तरों एवं बैंकों में तोड़-फोड़ और आगज़नी की घटनाएँ हुईं। भीड़ पर सेना ने गोलियाँ चलाईं, जिसमें करीब बीस लोग मारे गए।

अमृतसर में हालात को काबू करने के लिए अंग्रेजी सेना के एक अफसर को अमृतसर बुलाया गया। यह था ब्रिगेडयर जनरल रेजिनॉल्ड डायर। डायर ने आते ही रंग दिखाना शुरू कर दिया। पूरे शहर में सेना ने फ्लैग मार्च किया। सेना ने ऐलान किया कि शहर में एक साथ चार लोग इकट्ठा न हों, किसी तरह की बैठक या सभा करने पर कड़ी काररवाई की जाएगी।

अगले दो दिन तक अमृतसर पर सेना की दहशत रही। मगर गुपचुप तरीके से शहर में बैठकें होती रहीं। हड़ताल और प्रदर्शन की तैयारियाँ चलती रहीं। इसी का नतीजा था कि 11 अप्रैल को अमृतसर में एक बहुत बड़ा शांतिपूर्ण जुलूस निकला। डॉ. सत्यपाल और डॉ. सैफुद्दीन को रिहा करने की माँग को लेकर पूरा अमृतसर सड़कों पर उतर आया। ऊधम सिंह खालसा अनाथालय के अपने साथियों समेत इस जुलूस में शामिल थे। अंग्रेज पंजाब में आंदोलन को किसी भी कीमत पर कुचलने का मन बना चुके थे। जुलूस जैसे ही हॉल गेट पर पहुँचा, अंग्रेजों ने लाठियाँ भाँजनी शुरू कर दीं। भीड़ ने मुकाबला किया तो फायरिंग कर दी। फायरिंग में दो लोगों की मौत हो गई। पूरे प्रदर्शन को ताकत के बल पर कुचल दिया गया। अमृतसर में जबरदस्त तनाव पैदा हो गया। अंग्रेज सरकार ने पंजाब के कई हिस्सों को सेना के हवाले कर दिया। अमृतसर भी उनमें शामिल था। शहर में चार लोगों के एक साथ इकट्ठा होने पर भी रोक थी।

13 अप्रैल, 1919 को बैसाखी थी। हिंदुओं और सिखों के लिए त्योहार का दिन था। पुलिस की बर्बरता के खिलाफ आंदोलनकारियों ने जलियाँवाला बाग में एक शांतिपूर्ण सभा करने का फैसला किया। शहर

में बैसाखी का मेला लगा था। यह मेला सैकड़ों सालों से लगता आ रहा था। इस मेले में शामिल होने के लिए हजारों लोग दूर-दूर से आए थे। जैसे ही लोगों को जलियाँवाला बाग में सभा का पता चला, लोग मेले से बाग का रुख करने लगे। ज्यादातर लोग नेताओं के भाषण सुनने आए थे। भीड़ जुटनी शुरू हो गई। दोपहर तक करीब 15,000 लोग इकट्ठा हो गए।

ऊधम सिंह अनाथालय के अपने साथियों को लेकर बाग में पहुँचे। अप्रैल का महीना होने की वजह से गरमी थी। ऊधम सिंह और उनके साथियों ने बच्चों, औरतों व बूढ़ों समेत सभा में आए लोगों को पानी पिलाने का काम शुरू किया।

जलियाँवाला बाग तीन तरफ से इमारतों से घिरा था। एक सँकरा रास्ता बाग के अंदर तक आता था। बाग में एक तरफ छोटा सा मंच बनाया गया था। शहर के जाने-माने नेता वहाँ से भाषण दे रहे थे। डॉ. सत्यपाल और डॉ. किचलू को रिहा करने की माँग कर रहे थे। भीड़ बढ़ती जा रही थी। देखते-ही-देखते करीब 20,000 लोग वहाँ इकट्ठा हो गए। कोई नहीं जानता था कि अंग्रेजों के खिलाफ यह सभा इतना बड़ा रूप ले लेगी। किसी को अंदाजा नहीं था कि कुछ ही देर में अंग्रेज वह घृणित कृत्य करने वाले हैं, जो इतिहास का सबसे काला अध्याय बन जाएगा।

'रोलेट एक्ट' के खिलाफ भड़के आंदोलन ने पंजाब के गवर्नर माइकल ओ डायर को परेशान कर रखा था। उसके मन में हिंदुस्तानियों को सबक सिखाने की भावना थी। वह पंजाब में आंदोलन को इतनी सख्ती से कुचलना चाहता था कि फिर कभी कोई अंग्रेजों के खिलाफ सिर न उठा सके।

13 अप्रैल को उसे यह मौका दिया ब्रिगेडियर जनरल रेजिनॉल्ड डायर ने। डायर फौजी अफसर था और उस वक्त पूरे अमृतसर का

जिम्मा उसी पर था। जलियाँवाला बाग में अंग्रेजों की इजाजत के बगैर सभा चल रही थी। उसने गवर्नर माइकल ओ डायर से इस सभा को सख्ती से भंग करने का आदेश माँगा। माइकल ओ डायर ने उसे आदेश दे दिया।

अमृतसर छावनी से डायर अपने 90 सैनिकों के साथ निकल पड़ा। सैनिक राइफल और खुखरी से लैस थे। निहत्थे लोगों के शांतिपूर्ण प्रदर्शन को कुचलने के लिए उसके काफिले में दो बख्तरबंद गाड़ियाँ भी थीं, जिन पर मशीनगनें लगी थीं। शहर के जिस रास्ते से डायर गुजरता, लोग उसके काफिले को देखकर काँप उठते। शाम के पाँच बजे डायर अपनी फौज के साथ जलियाँवाला बाग पहुँचा। उसने मशीनगन लगी गाड़ियों को मार्च करने का आदेश दिया। बाग का रास्ता सँकरा था। गाड़ियाँ अंदर नहीं जा सकीं। गाड़ियों को बाहर छोड़ डायर सैनिकों के साथ बाग के अंदर आया। सभा में तब तक करीब 25,000 लोग जुट चुके थे। इतने हथियारबंद सैनिकों को देख लोग भयभीत थे। भाषण दे रहे नेताओं ने लोगों को यह कहकर शांत रहने को कहा कि उनकी सभा पूरी तरह शांतिपूर्ण है। जब तक लोग शांत रहेंगे, अंग्रेज कुछ नहीं करेंगे।

नेताओं को यकीन था, सैनिक कोई भी काररवाई करने से पहले चेतावनी देंगे। लेकिन डायर ने न कोई चेतावनी दी, न सभा को भंग करने के लिए कोई और तरीका अपनाया। उसने अपने सैनिकों को सीधे पोजीशन लेने का हुक्म दिया। सैनिकों ने जैसे ही पोजीशन ली, हुक्म आया—'फायर'। दस मिनट तक लगातार गोलियाँ चलती रहीं। लोगों के पास जान बचाकर भागने का कोई रास्ता नहीं था। बाग में आने और जानेवाले एकमात्र रास्ते को सैनिकों ने बंद कर रखा था। गोलियों से बचने के लिए लोग दीवार फाँदकर निकलने की कोशिश कर रहे थे। डायर ने अपने सैनिकों को उसी तरफ फायरिंग का हुक्म दिया। वह बार-बार सैनिकों को उस जगह पर फायरिंग के लिए उकसाता, जहाँ

ज्यादा भीड़ थी। जब बचने का कोई रास्ता नहीं दिखा तो लोग बाग के बीचोबीच बने कुएँ में कूदने लगे। कुछ ही देर में कुआँ भी लाशों से भर गया। दस मिनट बाद जब फायरिंग बंद हुई, तब तक जलियाँवाला बाग महिलाओं, बच्चों, बूढ़ों और नौजवानों की लाशों से पट चुका था। जलियाँवाला बाग बेगुनाहों के खून से लाल हो गया था।

मारे गए लोगों के शव उठानेवाला कोई नहीं था। घायलों को बचाकर ले जानेवाले भी बाग में नहीं आ सके, क्योंकि पूरे अमृतसर में कर्फ्यू लगा था।

सरकारी आँकड़ों के हिसाब से 379 लोग मारे गए थे और 200 लोग घायल हुए थे। जबकि खुद अंग्रेजी सरकार ने माना था कि करीब 1650 राउंड फायरिंग हुई थी। तमाम गैर-सरकारी रिपोर्ट बताती हैं कि कम-से-कम 1,000 लोगों की मौत हुई थी। एक रिपोर्ट में 1,800 लोगों के मारे जाने का भी जिक्र है। बाग में बने स्मारक पर साफ-साफ लिखा है कि 120 शव तो सिर्फ कुएँ से निकाले गए थे।

अंग्रेजों की इस बर्बरता को देखने के लिए ऊधम सिंह जीवित बच गए थे। 19 साल के ऊधम बाग के एक पेड़ पर चढ़ गए थे। पत्तों के झुरमुट में छिपकर उन्होंने किसी तरह अपनी जान बचाई। उनकी आँखों में जलियाँवाला बाग में मौत का पूरा मंजर कैद हो चुका था। ऊधम सिंह के दिल में अंग्रेजों के खिलाफ नफरत की आग और भड़क चुकी थी। सैनिकों के जाने के बाद ऊधम सिंह पेड़ से नीचे उतरे। चारों तरफ चीख-पुकार मची थी। ऊधम सिंह ने घायलों की मदद करने का काम शुरू किया। वे लोगों को अस्पताल पहुँचाने में जुट गए। अपने कुछ स्वयंसेवक साथियों की मदद से ऊधम सिंह जितने लोगों को बचा सकते थे, उन्हें बचाने में पूरी रात जुटे रहे। अमृतसर के सारे अस्पताल भर चुके थे।

ऊधम सिंह के दिमाग में बार-बार जलियाँवाला बाग में तड़प-

तड़पकर दम तोड़ते लोगों की तसवीर घूम रही थी। उन सबके बीच एक चेहरा, जो उनके दिमाग पर छप चुका था, वह था ब्रिगेडियर जनरल रेजिनाल्ड डायर का। उनके दिमाग में बस, एक बात चल रही थी—अंग्रेजों से इस नर-संहार का बदला आखिर कैसे लिया जाए?

जलियाँवाला बाग की घटना जब हुई, तब भगत सिंह सिर्फ 12 साल के थे। भगत सिंह ने जब सैकड़ों बेगुनाहों के नर-संहार की बात सुनी तो उनसे रहा नहीं गया। वह कई किलोमीटर दूर अपने गाँव से अमृतसर तक पैदल चलकर आए। जलियाँवाला बाग में मौत के बाद पसरे सन्नाटे को महसूस कर उनका कलेजा काँप गया। बाग की मिट्टी पर खून का कतरा पूरी तरह सूखा भी नहीं था। मैदान में लोगों के चप्पल-जूते, बच्चों के खिलौने, बुजुर्गों की पगड़ियाँ बिखरी पड़ी थीं। कुएँ से लाशें अब भी निकाली जा रही थीं। दीवारों पर गोलियों के निशान भी ताजा थे। एक तरफ ऊधम सिंह जलियाँवाला बाग की घटना के बाद क्रांति के रास्ते पर चल पड़े थे, वहीं एक और क्रांतिकारी भगत सिंह ने बसंती चोला पहनने की कसम खाई थी। यह बात ऊधम सिंह को बाद में पता चली। आगे चलकर उन्हें जब भगत सिंह के क्रांतिकारी विचार सुनने को मिले तो भगत सिंह में उन्हें अपनी छवि दिखाई देती थी। मन-ही-मन भगत सिंह को उन्होंने अपना गुरु मान लिया।

जलियाँवाला बाग नर-संहार पर अंग्रेज बेशर्म बने रहे। गवर्नर माइकल ओ डायर ने गोलियाँ बरसानेवाले रेजिनॉल्ड डायर का पूरी तरह बचाव किया और निहत्थे लोगों पर गोलीबारी को सही ठहराया। ब्रिटिश सरकार की इस बेशर्मी ने ऊधम सिंह के सीने में जल रही आग को और तेज कर दिया। बदले की आग और भड़की, जब ब्रिटिश सरकार ने इतिहास के सबसे बर्बर कांड को सही ठहराया और डायर को बिना सजा दिए छोड़ दिया।

ब्रिगेडियर जनरल डायर ने छावनी में आकर सेना के मुख्यालय में

टेलीग्राम भेजकर यह कहा कि उसका सामना क्रांतिकारियों की सेना से हुआ था। जवाब में पंजाब के गवर्नर माइकल ओ डायर ने यह कहते हुए साथ दिया कि 'तुम्हारा कदम बिल्कुल सही था और मैं भी इस कदम को सही मानता हूँ।'

यही नहीं, नर-संहार के बाद वाइसराय लॉर्ड चेम्सफोर्ड ने अमृतसर में 'मार्शल लॉ' लगाने की माइकल ओ डायर की माँग को भी स्वीकार कर लिया।

कांग्रेस ने जलियाँवाला बाग कांड के विरोध में प्रदर्शन शुरू कर दिया। ब्रिटेन में इस कांड को लेकर दो गुट बन गए। एक डायर के पक्ष में था तो दूसरा उसके खिलाफ। ब्रिटेन सरकार ने मामले की जाँच के लिए 'हंटर कमीशन' का गठन किया। उसके अध्यक्ष थे लॉर्ड हंटर। दो भारतीय भी इस कमीशन के सदस्य बनाए गए थे—चिमनलाल सीतलवाड़ और जगत नारायण।

डायर की पेशी 'हंटर कमीशन' के सामने हुई। कमीशन के सामने जनरल डायर ने हैरान करनेवाले बयान दिए। डायर ने कहा कि उसे जलियाँवाला बाग में हो रही सभा की जानकारी दोपहर में ही मिल गई थी, लेकिन उसने सभा को रोकने की कोशिश नहीं की। डायर ने बेझिझक यह बात कबूल कर ली कि वह बाग में फायरिंग करने का मन पहले से ही बनाकर गया था। डायर ने कहा, "मैं अच्छी तरह जानता हूँ कि मैं फायरिंग के बगैर भी वहाँ से भीड़ को तितर-बितर कर सकता था; लेकिन वे फिर से वापस आ जाते और मुझपर हँसते। और मैं उन लोगों के सामने अपना मजाक नहीं बनाना चाहता था।" खुद का मजाक न बने, इसके लिए डायर ने सैकड़ों लोगों को मौत के घाट उतार दिया।

जब अमृतसर के खालसा अनाथालय में ऊधम सिंह अखबारों के जरिए डायर के बयान पढ़ते तो उनका खून खौल जाता था।

डायर ने यहाँ तक कहा कि वह मशीनगन का इस्तेमाल भी करना

चाहता था, लेकिन हथियारबंद गाड़ियाँ सँकरी गली में नहीं घुस सकीं। जनरल ने कहा कि हल्की फायरिंग से मकसद हल नहीं हो सकता था। उसने सोचा कि यह उसका कर्तव्य है कि वह तब तक फायरिंग जारी रखे, जब तक भीड़ पूरी तरह लाचार न हो जाए। यही वजह है कि उसने तब तक फायरिंग जारी रखी, जब तक गोलियाँ खत्म नहीं हो गईं।

कमीशन ने डायर से पूछा कि उसने घायलों को अस्पताल में भरती क्यों नहीं कराया? तो डायर का जवाब था, "यह मेरा काम नहीं था। अस्पताल खुले थे और वे वहाँ जा सकते थे।" डायर की बेशर्मी से कमीशन हैरान था। कमीशन में ऐसे कई सदस्य थे, जिन्होंने डायर के इस कृत्य को अक्षम्य अपराध बताया। कमीशन ने माना कि जलियाँवाला बाग में ऐसी कोई क्रांति नहीं हो रही थी, जिसे कुचलने के लिए इतने बेगुनाहों को मार डाला गया।

कमीशन ने माना कि डायर ने बिना चेतावनी गोली चलवाई, जो गलत था। कमीशन ने माना कि जितनी देर तक डायर ने गोलीबारी की, वह किसी मायने में सही नहीं ठहराई जा सकती। डायर की इस बात को भी खारिज कर दिया गया कि नर-संहार से ब्रिटिश सरकार के खिलाफ आंदोलन को हमेशा-हमेशा के लिए कुचला जा सकता है। कमीशन ने इस बात के लिए भी डायर की निंदा की कि उसने घायलों को अस्पताल पहुँचाने तक की परवाह नहीं की।

'हंटर कमीशन' ने डायर के खिलाफ चाहे जो कुछ कहा, मगर उनके लिए कोई सजा का ऐलान नहीं किया। ब्रिटिश सेना ने तो डायर की पीठ ठोंकी। दबाव की वजह से डायर को सेवा-मुक्त कर वापस ब्रिटेन भेज दिया गया, लेकिन वहाँ भी वह अपनी कायरता को बहादुरी बताकर खुद को ब्रिटिश साम्राज्य का सच्चा सिपाही कहता रहा। डायर कहता रहा कि उसने ब्रिटेन के खिलाफ भारतीयों के आंदोलन को हमेशा-हमेशा के लिए कुचल दिया है।

डायर की बेशर्मी और ब्रिटिश सरकार की लीपा-पोती ने ऊधम सिंह के दिल में धधक रही प्रतिशोध की ज्वाला को और भड़का दिया। अपने सैकड़ों भाई-बहनों के खून का बदला लेने के लिए ऊधम सिंह ने तीन गुनाहगारों को अपने निशाने पर लिया।

अमृतसर के पवित्र सरोवर में ऊधम सिंह ने स्नान किया और स्वर्ण मंदिर को साक्षी मानकर यह कसम खाई कि वह जलियाँवाला बाग के तीनों गुनाहगारों को मारकर सैकड़ों बेगुनाहों की मौत का बदला लेंगे। ऊधम सिंह ने प्रण किया कि वह ब्रिगेडियर जनरल रेजिनॉल्ड डायर, पंजाब के गवर्नर माइकल ओ डायर और भारत के स्टेट सेक्रेटरी लॉर्ड जैटलैंड को गोलियों से भूनकर ही दम लेगा।

□

संघर्ष का दौर

अमृतसर के खालसा अनाथालय में बैठे ऊधम सिंह का मन बेचैन हो उठा था। इस तरह हाथ-पर-हाथ धरकर बैठना उन्हें मंजूर नहीं था। दिन-रात उनके मन में जलियाँवाला बाग के गुनाहगार अंग्रेजों को गोली से उड़ाने की प्रतिज्ञा बलवती होती जा रही थी। मगर अंग्रेज अफसरों तक पहुँचना इतना आसान नहीं था। इसके लिए उन्हें सोच-समझकर रणनीति तैयार करनी थी। एक रात ऊधम सिंह इन्हीं बातों पर सोचते रहे। सोचते-सोचते पूरी रात कट गई। आखिरकार ऊधम सिंह इस नतीजे पर पहुँचे कि दुश्मनों को खत्म करने के लिए उनके बीच अपनी पैठ बनानी होगी। यह काम अमृतसर के खालसा अनाथालय में बैठे-बैठे नहीं हो सकता था।

अगले ही दिन ऊधम सिंह ने अनाथालय छोड़ा और एक रिश्तेदार के मोटर गैराज में डेरा डाल दिया। वहाँ उन्होंने नौकरी शुरू की। गाड़ियों की मरम्मत का काम सीखना शुरू कर दिया। मेकैनिक का काम सीखने के दौरान गाड़ी चलाने का मौका मिला और जल्दी ही उन्हें ड्राइवर का काम भी आ गया। यह वो जमाना था, जब पूरे शहर में गिनी-चुनी गाड़ियाँ हुआ करती थीं। भारतीयों से कहीं ज्यादा गाड़ियाँ अंग्रेजों के पास थीं। अकसर ऊधम सिंह के गैराज में अंग्रेजों की गाड़ियाँ आती थीं। ऊधम सिंह का लक्ष्य अपने दुश्मनों तक पहुँचना था। इस लक्ष्य को

हासिल करने के लिए उन्हें जब भी मौका मिलता, वह अंग्रेजों से संबंध बढ़ाने का मौका नहीं चूकते। इसी जान-पहचान की वजह से अकसर जब अंग्रेजों को ड्राइवर की जरूरत पड़ती तो वे ऊधम सिंह को याद किया करते थे।

ऐसा ही मौका एक दिन आया, जब अंग्रेजों को एक फौजी गाड़ी के लिए ड्राइवर की जरूरत थी। ऊधम सिंह को बुलाया गया। फौजियों से भरी गाड़ी लेकर ऊधम सिंह गुजराँवाला कसूर पहुँचे। उन्हें पता नहीं था कि जिन फौजियों को लेकर वह आए हैं, वे उनके भाई-बहनों पर कितना बड़ा जुल्म करने वाले हैं! पंजाब के गवर्नर माइकल ओ डायर के हुक्म से गुजराँवाला कसूर में विमान से बम बरसाए गए। सैकड़ों लोग मारे गए। खेत-खलिहान, घर तबाह हो गए। ऊधम सिंह को जब इस बात का पता चला तो उनकी आँखों से आँसू निकल पड़े। वह खुद को कोसने लगे कि उन्होंने अनजाने में जालिम अंग्रेजों की मदद की। उन्हें लगा, अगर वह फौज को गुजराँवाला ले जाने में मदद नहीं करते तो सैकड़ों लोगों की जान बच जाती। माइकल ओ डायर के लिए ऊधम सिंह की आँखों में खून उतर आया। अब उनका मकसद सीधे फौज में नौकरी कर जल्द-से-जल्द माइकल ओ डायर और बाकी दुश्मनों को खत्म करना था।

ऊधम सिंह ने मोटर गैराज की नौकरी छोड़ दी और सहारनपुर जा पहुँचे। उनकी तलाश किसी एक अंग्रेज से जान-पहचान बनाने की थी, जो उन्हें फौज में भरती करवा सके। इसी दौरान उन्हें एक अंग्रेज का पता चला, जिसे ड्राइवर की तलाश थी। ऊधम सिंह ने उस अंग्रेज के यहाँ ड्राइवर की नौकरी कर ली। समय बीतता गया और करीब एक साल निकल गया। न तो ऊधम सिंह को फौज में नौकरी मिल सकी और न वह अपने दुश्मनों तक पहुँच सके।

एक दिन ऊधम सिंह के दिमाग में एक बात आई। उन्होंने सोचा,

लखनऊ में फौज का हेडक्वार्टर है, क्यों न सीधे वहीं किसी बड़े अधिकारी से संबंध बनाया जाए! सहारनपुर में अंग्रेज की नौकरी छोड़ ऊधम सिंह लखनऊ आ गए। कई दिनों तक छावनी के चक्कर काटते रहे, लेकिन नौकरी तो दूर, किसी अफसर से बात तक नहीं हो सकी। आखिरकार ऊधम सिंह ने एक जमींदार के यहाँ नौकरी कर ली। जमींदार को शिकार खेलने का शौक था और अकसर उसके यहाँ अंग्रेज अफसर आते-जाते रहते थे। ऊधम सिंह ने सोचा, शायद यहीं से कोई रास्ता निकल जाए।

जमींदार जब भी शिकार खेलने जाता, ड्राइवर ऊधम सिंह साथ होते। इसी दौरान ऊधम सिंह को जमींदार की बंदूकों के अलावा अंग्रेजों की पिस्तौल व रिवॉल्वर को करीब से देखने का मौका मिला। ऊधम सिंह बड़े गौर से जमींदार और अंग्रेजों को बंदूक में कारतूस भरते और फिर फायर करते देखते। अब उनकी एक ही तमन्ना थी कि किसी दिन अपने हाथ से गोली दाग सकूँ। ऊधम सिंह ने इसके लिए जमींदार की पूरे मन से सेवा की और एक दिन मौका देखकर अपनी बात रख दी।

ऊधम सिंह ने कहा, ''मालिक, मैं आपकी सुरक्षा के लिए हथियार चलाना सीखना चाहता हूँ। क्या जाने, किसी दिन मेरा वह हुनर भी आपके काम आ जाए!'' जमींदार को बात ठीक लगी। उसने खुद ऊधम सिंह को बंदूक चलाने की ट्रेनिंग दी। कुछ ही दिनों में ऊधम सिंह ने अचूक निशाना लगाना सीख लिया। शिकार पर गोली दागते समय ऊधम सिंह के मन में एक ही बात रहती थी—जिस दिन उनके दुश्मन सामने आ गए, वह उन्हें भी शिकार की तरह मार गिराएँगे।

लखनऊ आना उन्हें सार्थक लगने लगा। ऊधम सिंह को लगा, उन्हें अब देर नहीं करनी चाहिए। जल्द-से-जल्द दुश्मनों तक पहुँचने का रास्ता ढूँढ़ना होगा। ऊधम सिंह ने जमींदार को बिना बताए नौकरी छोड़ दी। सुबह उठते ही अपना सामान लिया और लखनऊ से निकल पड़े। ऊधम सिंह को ऐसे क्रांतिकारियों की तलाश थी, जिन्हें अंग्रेज

अफसरों के ठिकाने और आने-जाने के बारे में पुख्ता जानकारी हो।

ऊधम सिंह जानते थे कि सन् 1857 की क्रांति मेरठ से शुरू हुई थी। उन्होंने यह भी सुना था कि आज भी मेरठ में कुछ क्रांतिकारी सक्रिय हैं। ऊधम सिंह मेरठ जा पहुँचे। नौकरी की तलाश शुरू की। काफी भटकने के बाद एक होटल में काम मिला। काम बेहद मामूली था, लेकिन रहने और पेट भरने के लिए वह काम इतना बुरा नहीं था। जब भी समय मिलता, ऊधम सिंह ड्राइवरी का काम भी कर लेते थे। ऊधम सिंह का मन इन कामों में नहीं लग रहा था। वह ऐसा काम चाहते थे, जिसके जरिए वह क्रांतिकारियों तक जल्द-से-जल्द पहुँच सकें। यह मौका उन्हें उसी होटल की नौकरी ने दिया, जिसे वह मामूली काम समझ रहे थे।

दोपहर का वक्त था। ऊधम सिंह का मन बेचैन था। तभी दो लोग होटल के अंदर आए। ऊधम सिंह ने उन्हें टेबल पर बैठने का इशारा किया और पानी लाने चले गए। पानी लेकर वह टेबल की तरफ बढ़ने वाले थे कि उन्हें दोनों की कुछ चौंकानेवाली बातें सुनाई पड़ीं। दोनों बार-बार डायर का नाम ले रहे थे। ऊधम सिंह के कान खड़े हो गए। अनजान बनते हुए वह टेबल की तरफ बढ़े; लेकिन उनका ध्यान उन दोनों की बातों पर था। कुछ ही देर में वह समझ गए कि बातचीत पंजाब के गवर्नर माइकल ओ डायर और ब्रिगेडियर जनरल रेजिनॉल्ड डायर के इर्द-गिर्द घूम रही है। खाना लाने के बहाने वह थोड़ी दूर से दोनों की बातें गौर से सुनने लगे। उन्हें पता चला कि उनके दोनों दुश्मन सात समंदर पार इंग्लैंड जा चुके हैं। यह भी पता चला कि ब्रिगेडियर जनरल डायर इंग्लैंड में बीमार है। ऊधम सिंह को बहुत बड़ा झटका लगा। उन्हें अहसास हुआ कि उनके दोनों दुश्मन उनसे बहुत दूर जा चुके हैं। इस बात से ऊधम सिंह बहुत निराश हुए कि जिन्हें वह हिंदुस्तान में ढूँढ़ रहे हैं, उन्हें मारने के लिए इंग्लैंड जाना होगा। इंग्लैंड जाने का इंतजाम कैसे

होगा, यह सोचते-सोचते उन्हें पूरी रात नींद नहीं आई। तभी उन्हें अपने क्रांतिकारी मित्र शहीद मदनलाल ढींगरा का कारनामा याद आया। ढींगरा ने लंदन जाकर एक समारोह के दौरान ब्रिटिश अफसर कर्जन वायली को गोलियों से भून दिया था।

शहीद मदनलाल ढींगरा के कारनामे को याद कर ऊधम सिंह ने संकल्प लिया कि वह जलियाँवाला नर-संहार के गुनाहगारों को सजा देने के लिए इंग्लैंड जाएँगे। उन्होंने इंग्लैंड जाने की तैयारी अगले ही दिन से शुरू कर दी। अब उनका मकसद अपनी पढ़ाई को आगे बढ़ाना और इंग्लैंड यात्रा के लिए पैसे इकट्ठा करना बन गया। ऊधम सिंह ने अब तक सिर्फ प्रारंभिक शिक्षा हासिल की थी। उन्हें अंग्रेजी का ज्ञान भी ज्यादा नहीं था। जो कुछ सीखा था, वह पं. जयचंद शर्मा के सान्निध्य में रहकर ही सीखा था। पढ़ाई और पैसा इन दोनों का इंतजाम ऊधम सिंह को मेरठ में होता नजर नहीं आया। ऊधम सिंह ने लाहौर जाने का फैसला किया।

लाहौर में ऊधम सिंह ने एक गैराज में नौकरी की और फिर अपना गैराज खोल लिया। कुछ ही दिनों में धंधा अच्छा चल पड़ा, जिससे उनके पास पैसे इकट्ठा होने लगे। उनकी पढ़ाई भी आगे बढ़ने लगी। लाहौर से ऊधम सिंह ने इंटरमीडिएट की पढ़ाई पूरी की। इस सबके दौरान ऊधम सिंह ने अपने सीने में धधक रही बदले की आग को बुझने नहीं दिया था। क्रांतिकारी ऊधम सिंह को उसी आग ने आगे बढ़ने की प्रेरणा दी। यह सब करते-करते काफी वक्त गुजर चुका था। एक-एक पैसे बचाने पर भी इतना धन इकट्ठा नहीं हो सका, जिससे वह इंग्लैंड जा सकें। सिर्फ जहाज का किराया ही हजार रुपए से ज्यादा लगता था।

एक दिन ऊधम सिंह को अखबार से बेहद निराश करनेवाली खबर मिली। लंबे समय से बीमार जनरल डायर की इंग्लैंड में मौत हो गई थी।

दरअसल सन् 1919 में ही भारत सरकार ने जनरल डायर के खिलाफ मांटेग्यू को काररवाई करने का निर्देश दिया था। डायर पर दबाव बढ़ता जा रहा था। अंततः उसे सेवा से मुक्त कर ब्रिटेन भेजने का फैसला कर लिया गया। 2 मई, 1920 को जनरल डायर इंग्लैंड वापस चला गया।

ब्रिटेन में फौज के अफसरों को इस बात की चिंता थी कि जनरल डायर को ब्रिटेन बुला लिये जाने से भारत में काम कर रहे फौजी अफसरों का मनोबल गिर जाएगा। इस वजह से उन्होंने जनरल डायर का हौसला बढ़ाने के लिए इंग्लैंड में एक अभियान शुरू किया। अखबारों के जरिए जनरल डायर को ब्रिटेन का हीरो करार दिया गया। जनरल डायर की मदद के लिए चंदा देने की अपील जारी की गई। अखबार में इश्तहार आने के अगले ही दिन 1,500 पौंड से ज्यादा की राशि इकट्ठा हो चुकी थी। करीब एक महीने के भीतर 27 हजार पौंड इकट्ठा किए गए। एक सम्मान समारोह में जनरल डायर को वह राशि भेंट की गई।

जनरल डायर खुश तो हुआ, लेकिन अंदर-ही-अंदर उसे यह अहसास होने लगा कि न जाने उसने जो किया, वह सही था या गलत! जनरल डायर बीमार रहने लगा। 1921 में उसे लकवा मार गया। ज्यादा चलना-फिरना मुश्किल हो गया। गिरते स्वास्थ्य ने उसे बिस्तर पर पड़ा एक लाचार इनसान बना दिया। डायर को लगता था कि उसे उसके पापों की सजा मिल रही है। पर वह इस बात को नहीं मानता। उसे लगता था, अगर उसने गलती की है तो इस लोक में नहीं, उस लोक में सजा मिलेगी।

ब्रिस्टल में रह रहे डायर की मौत करीब आ चुकी थी। 23 जुलाई, 1927 को डायर की मौत हो गई। इंग्लैंड में यह खबर तेजी से फैल गई। अगले दिन के अखबारों में जनरल डायर के निधन की खबर के साथ सम्मान देनेवाले लेख और इश्तहार छपे। खबरों में हर बार जलियाँवाला का जिक्र जरूर आता। भारत के लिए भी डायर की मौत की खबर बड़ी

थी। यहाँ के अखबारों में पहले पन्ने पर खबर छपी। उन्हीं में से एक अखबार ऊधम सिंह के हाथों में थी।

खबर पढ़कर ऊधम सिंह का दिल कचोटने लगा। उन्हें यकीन नहीं हो पा रहा था कि इतना क्रूर, उत्पाती और खूँखार व्यक्ति, जिसे उनके हाथों मरना था, वह इतनी आसानी से कैसे मर सकता है! जिस जनरल डायर को जलियाँवाला बाग में की गई निर्दयता का दंड वह अपने हाथों से देने चाहते थे, वह अपनी मौत कैसे मर सकता है!

एक पल के लिए ऊधम सिंह शून्य पड़ गए। उन्हें लगा, उनके जीने का मकसद ही खत्म हो गया। ऊधम सिंह बेहद हताश व निराश होकर यह सोच ही रहे थे कि उनके दिमाग में एक और चेहरा घूम गया। वह चेहरा जलियाँवाला बाग के उतने ही बड़े दोषी और गुनाहगार का था। पंजाब का पूर्व गवर्नर जनरल माइकल ओ डायर अभी जिंदा था। माइकल ओ डायर ने न सिर्फ नर-संहार के लिए जनरल डायर की भूरि-भूरि प्रशंसा की थी, बल्कि उसे 'एक बहादुर सिपाही' की संज्ञा भी दी थी।

क्रांतिकारी ऊधम सिंह ने सोचा, जब तक वे माइकल ओ डायर को उसी तरह मौत के घाट नहीं उतार देते, जैसाकि उसके हुक्म पर जलियाँवाला बाग में निर्दोषों की हत्या की गई थी, तब तक उनके जीने का मकसद जिंदा है। ऊधम सिंह ने सोच लिया कि माइकल ओ डायर को मारकर वह हजारों शहीदों की आत्मा को शांति पहुँचाने का काम करेंगे। ऊधम सिंह का जज्बा कम नहीं हुआ था, लेकिन हालात साथ नहीं दे रहे थे। उनके पास न पैसे थे, न कोई और जरिया, जिससे वह इंग्लैंड जा सकें। मन बेचैन हो उठा तो शांति के लिए हरिद्वार का रुख कर लिया।

हरिद्वार में गंगा के तट पर घूमते-घूमते ऊधम सिंह की मुलाकात एक ज्योतिषी से हुई। ऊधम सिंह ने ज्योतिषी से इधर-उधर की बातें करने के बाद अपना सवाल सामने रख दिया, ''बाबाजी, मेरे एक सवाल

का जवाब दीजिए। मैं इंग्लैंड जाना चाहता हूँ। बताइए, मेरी यह इच्छा कब पूरी होगी?''

ज्योतिषी ने ऊधम सिंह का हाथ देखा और कहा, ''बच्चा, तू जहाँ जाना चाहता है, वहाँ जरूर जाएगा; पर थोड़ा वक्त लगेगा।''

''कितना वक्त, बाबाजी?''

''जिस दिन तू चौंतीस का हुआ, तेरा वक्त आ जाएगा, बच्चा!''

ऊधम सिंह को तसल्ली हुई कि देर ही सही, पर शायद वह अपनी मंजिल तक पहुँच जाएँगे। अब उन्हें सही वक्त आने का इंतजार था।

ऊधम सिंह हरिद्वार से दिल्ली आ गए। दिल्ली में कुछ दिन रुकने के बाद उन्होंने अमृतसर का रुख किया। ट्रेन में ऊधम सिंह की मुलाकात एक ऐसे व्यक्ति से हुई, जिसने ऊधम सिंह की जिंदगी बदल दी। ऊधम सिंह के सात समंदर पार जाने का सपना सच कर दिया।

ट्रेन के जिस डिब्बे में ऊधम सिंह सफर कर रहे थे, उसी डिब्बे में सवार थे यशवंत सिंह। 45–50 की उम्र के यशवंत सिंह दक्षिण अफ्रीका में लकड़ी का कारोबार करते थे। कुछ दिनों के लिए अपने रिश्तेदारों से मिलने दिल्ली और अमृतसर घूम रहे थे।

यशवंत सिंह ने बातचीत शुरू की। ऊधम सिंह ने उनका नाम व शहर पूछा और फिर यह भी पूछ लिया कि वह क्या काम करते हैं।

ऊधम सिंह के लिए आखिरी सवाल बेहद अहम था। ऊधम सिंह ने साफ कह दिया कि वह किसी ऐसे काम की तलाश में हैं, जिसमें विदेश जाने का मौका मिले। पूरी ईमानदारी के साथ काम करने की इच्छा है। बातों-बातों में सफर कट गया। यशवंत सिंह ने अपने लकड़ी के कारोबार के बारे में बता दिया। अमृतसर पहुँचने पर ऊधम सिंह ने व्यापारी का सामान ताँगे तक छोड़ दिया। यशवंत सिंह ने ऊधम सिंह को अपना नाम और पता दिया, साथ ही ऊधम सिंह से उनका पता भी ले लिया।

ऊधम सिंह अपने घर पहुँचे और एक तरह से लकड़ी व्यापारी की

मुलाकात को वह भूल चुके थे। तभी एक दिन दरवाजे पर दस्तक हुई और देखा तो यशवंत सिंह सामने खड़े थे। ऊधम सिंह ने यशवंत सिंह को चारपाई पर बिठाया और पानी लाने दौड़ पड़े।

यशवंत सिंह ने ऊधम सिंह के सामने सीधा प्रस्ताव रख दिया। उन्होंने कहा कि कारोबार के लिए उन्हें एक ईमानदार और भरोसेमंद आदमी की जरूरत है। अगर वह राजी हों तो उनके साथ अफ्रीका चल सकते हैं। ऊधम सिंह को तो जैसे मुँह माँगा वरदान मिल गया। उन्होंने तुरंत पूछा, "कब चलना है?"

दरअसल, ऊधम सिंह के दिल में देश से बाहर निकलकर सीधा इंग्लैंड पहुँचने की इच्छा थी। लेकिन यशवंत सिंह के जरिए अफ्रीका जाकर वह हिंदुस्तान से बाहर निकलने की शुरुआत करना चाहते थे।

लकड़ी व्यापारी से बात कर ऊधम सिंह ने उन्हें भरोसा दिलाया कि वह अपनी मेहनत और ईमानदारी दिखाने का एक मौका चाहते हैं। व्यापारी ने ऊधम सिंह की विनती को स्वीकार कर लिया। अफ्रीका जाने का दिन तय हो गया। ऊधम सिंह को अपनी प्रतिज्ञा के पूरा होने की संभावना नजर आने लगी। पानी के जहाज पर चढ़ते ही ऊधम सिंह का उत्साह सौ गुना बढ़ गया।

अफ्रीका रवाना होने के लिए यशवंत सिंह ने ऊधम सिंह को नियत तारीख पर बंबई पहुँच जाने को कहा। ऊधम सिंह तय वक्त पर बंबई पहुँच गए। यशवंत सिंह ने उनके लिए जरूरी कागजात तैयार करवाए। इन सब में करीब एक हफ्ते का वक्त गुजर गया।

आखिर वह दिन भी आ गया, जब ऊधम सिंह सागर के सीने पर सवार जहाज पर बैठे। कुछ दूर जाने के बाद ऊधम सिंह को चारों चरफ बस पानी-ही-पानी नजर आ रहा था। दूर-दूर तक जमीन का नामो-निशान नहीं था। करीब चार दिनों के बाद जहाज एक टापू पर रुका।

यात्रा के दौरान यशवंत सिंह अपने केबिन में सफर कर रहे थे।

दूसरी तरफ ऊधम सिंह के पास सामान्य दर्जे का टिकट था। ऊधम सिंह जान-बूझकर यशवंत सिंह से अलग सफर कर रहे थे। ऊधम सिंह जानना चाहते थे कि हिंदुस्तान से अफ्रीका जानेवाले जहाज में और किस तरह के लोग हैं। उन्होंने जान-पहचान बनानी शुरू की। बातचीत के दौरान उन्हें एक-दो नहीं, ऐसे कई क्रांतिकारी जहाज पर ही मिल गए, जिनके दिल में अंग्रेजों के खिलाफ उतना ही गुस्सा था। ऊधम सिंह को उन क्रांतिकारियों से बातचीत में पता चला कि अफ्रीका इन दिनों ऐसे क्रांतिकारियों का गढ़ बन चुका है, जो हिंदुस्तान को अंग्रेजों की दासता से मुक्त कराना चाहते हैं। सन् 1920 में ऊधम सिंह लकड़ी व्यापारी के साथ अफ्रीका पहुँचे। यशवंत सिंह का कारोबार नेटाल में था। नेटाल में कांग्रेस के कार्यकर्ताओं ने अपना एक संघ बना रखा था। ऊधम सिंह उनके साथ हो लिये। अकसर वह बैठकों में शामिल हुआ करते थे, जहाँ इंग्लैंड से भारत को आजादी दिलाने पर भाषण होते थे। ऊधम सिंह भी अंग्रेजों के अत्याचार पर खुलकर बोला करते थे।

अफ्रीका में ऊधम सिंह कई क्रांतिकारियों के संपर्क में भी आए। वे क्रांतिकारी अफ्रीका में अंग्रेजों के खिलाफ खुलकर प्रचार करते थे। ऊधम सिंह उन क्रांतिकारियों के साथ जुड़ गए और अंग्रेजों के खिलाफ अभियान में सक्रिय हो गए। भारत माता को अंग्रेजों के जुल्म से आजाद कराने के सपने देखने लगे। उन्हीं क्रांतिकारियों से ऊधम सिंह को पता चला कि अमेरिका में भी अंग्रेजों के खिलाफ इन क्रांतिकारियों की मुहिम चल रही है।

लकड़ी व्यापारी का कारोबार अफ्रीका से लेकर अमेरिका तक फैला था। वह अकसर अफ्रीका से अमेरिका भी जाता रहता था।

सन् 1921 में ऊधम सिंह को व्यापारी के साथ अमेरिका जाने का मौका मिला। अमेरिका पहुँचकर ऊधम सिंह ने देखा कि वहाँ बड़ी संख्या में क्रांतिकारी अंग्रेजों के खिलाफ प्रचार में जुटे हैं। मगर इस यात्रा में

ऊधम सिंह को अमेरिका में ज्यादा वक्त बिताने का मौका नहीं मिला। इस यात्रा के दौरान एक बात ऊधम सिंह को पता चली कि अमेरिका से ब्रिटेन जाना आसान नहीं था। ब्रिटेन जाने के लिए बेहद सख्त नियम थे। तीन महीने के भीतर ऊधम सिंह व्यापारी के साथ अफ्रीका लौट आए। व्यापारी ने अपना कारोबार नैरोबी शिफ्ट कर लिया। अगले तीन साल तक ऊधम सिंह ने अफ्रीका से अमेरिका और कई दूसरे देशों की भी यात्रा की। फौज में भरती होने की इच्छा उन्हें इराक लेकर आई। ऊधम सिंह अंग्रेजी फौज में भरती हो गए। एक साल तक फौज में ड्राइवर की नौकरी की। फौज में वाहन चालकों को भी हथियार चलाने की पूरी ट्रेनिंग दी जाती है, ताकि वक्त पड़ने पर वे भी दुश्मन का मुकाबला कर सकें। ऊधम सिंह तो पहले ही निशानेबाज बन चुके थे। अब उनके हाथ राइफल चलाने में एकदम सध गए। फौज के साथ ही ऊधम सिंह ब्रिटिश पूर्वी अफ्रीका पहुँचे। वहाँ उन्होंने अगले दो साल तक फौज की नौकरी की।

तीन साल बाद वर्ष 1924 में ऊधम सिंह ने अफ्रीका से अमेरिका जाने की कोशिश की। लेकिन यह कोशिश नाकाम रही। कुछ समय के लिए ऊधम सिंह अफ्रीका से अमृतसर वापस लौट आए। सन् 1924 के आखिर में एक दिन ऊधम सिंह को अमेरिका जाने का मौका मिला। उसी लकड़ी कारोबारी ने ऊधम सिंह के सामने अमेरिका जाने का प्रस्ताव रखा। वह तुरंत तैयार हो गए। वह कारोबारी के साथ जहाज से पहले मेक्सिको पहुँचे और फिर वहाँ से अमेरिका में दाखिल हो गए। अमेरिका में इस बार कारोबार से व्यापारी को अच्छा-खासा मुनाफा हुआ। उसने ऊधम सिंह की मेहनत और लगन से प्रभावित होकर मुनाफे का एक बड़ा हिस्सा उन्हें दे दिया। व्यापारी यशवंत सिंह को खबर मिली कि उनकी पत्नी की तबीयत खराब है। वे अमेरिका से लौट आए, लेकिन ऊधम सिंह वहीं रुक गए।

ऊधम सिंह ने डिट्रॉएट शहर की फोर्ड मोटर कंपनी में औजार

बनानेवाले मेकैनिक की नौकरी कर ली। कुछ महीने नौकरी करने के बाद ऊधम सिंह कैलिफोर्निया चले आए। कैलिफोर्निया में भारत से आए छात्रों का एक बड़ा समूह था। इनमें से ज्यादातर छात्र 'गदर पार्टी' के कार्यकर्ता थे। उन छात्रों के जरिए ही ऊधम सिंह का संपर्क 'गदर पार्टी' से हुआ।

'गदर पार्टी' की स्थापना सन् 1913 में हरदयाल और सोहन सिंह भकना ने की थी। 'गदर पार्टी' का मकसद भारत को ब्रिटिश शासन से मुक्ति दिलाना था। इसके ज्यादातर सदस्य भारत से नौकरी की तलाश में आए पंजाबी थे। आर्थिक मंदी की वजह से कनाडा ने भारतीयों के अपने देश में आने पर रोक लगा दी थी। ब्रिटेन ने भी अपने कानून को सख्त कर दिया था। इसी हालात ने अमेरिका आए पंजाबियों को 'गदर पार्टी' की स्थापना करने पर मजबूर किया था।

गदर नाम से ही साफ था कि इसके सदस्य क्रांतिकारी विचारधारा से प्रभावित थे। 'गदर पार्टी' ने अपनी पहली पत्रिका 'गदर की गूँज' सन् 1913 में प्रकाशित की। इस अंक में पार्टी के संस्थापकों में से एक करतार सिंह सराभा ने लिखा—"आज परदेस में एक गदर की शुरुआत हुई है और यह जंग भारत से ब्रिटिश हुकूमत को उखाड़ फेंकने के बाद ही थमेगी। क्योंकि हमारा नाम क्या है? गदर। हमारा काम क्या है? गदर। क्रांति कहाँ होगी? हिंदुस्तान में। वह वक्त जल्द ही आएगा, जब पेन और स्याही की जगह हमारे हाथों में बंदूकें होंगी!"

सन् 1915 में प्रथम विश्व युद्ध के दौरान 'गदर पार्टी' के कार्यकर्ताओं ने हिंदुस्तान में 'बब्बर अकाली आंदोलन' चलाया था। इसे ब्रिटिश सरकार ने सख्ती से कुचल दिया था। ऊधम सिंह ने 'बब्बर अकाली आंदोलन' के बारे में सुन रखा था और वे उससे बहुत प्रभावित भी थे। आखिरकार 'गदर पार्टी' ने अमेरिका को अपने आंदोलन का केंद्र बनाया और वहीं से भारत की आजादी के लिए मुहिम शुरू की।

'गदर पार्टी' में भारतीयों का एक दल था, जो कम्युनिस्ट विचारधारा से प्रभावित था। ऊधम सिंह ने इसके क्रांतिकारियों के साथ मिलकर अमेरिका में भारतीयों को एकजुट करना शुरू किया। अमेरिका में ही ऊधम सिंह ने अपनी एक पार्टी भी बनाई—'आजाद पार्टी'। इस संगठन के बैनर तले ऊधम सिंह ने अमेरिका में बसे हिंदुस्तानियों के बीच जाकर प्रचार किया। उनसे देश की आजादी के लिए तन, मन और धन से समर्थन देने की अपील की।

कैलिफोर्निया से ऊधम सिंह पूर्वी न्यूयॉर्क शहर चले गए। वहाँ उन्होंने समुद्र के रास्ते माल ढोने का काम करनेवाली 'यू.एस. शिपिंग लाइन' नाम की कंपनी में नौकरी कर ली। इस नौकरी का मकसद ब्रिटेन पहुँचना था। ऊधम सिंह को उम्मीद थी कि जहाज कंपनी की यह नौकरी उन्हें अपने दुश्मन तक पहुँचा सकती है। नौकरी के लिए उन्होंने अपना नाम 'फ्रैंक ब्राजील' बताया। ऊधम सिंह जानते थे कि अमेरिकी जहाजों में भारतीयों को नौकरी पर नहीं रखा जाता था। इसका इंतजाम उन्होंने पहले ही कर लिया था। 'फ्रैंक ब्राजील' नाम से उन्होंने पूएर्टो रिको की नागरिकता वाला एक सर्टिफिकेट बनवा लिया था। न्यूयॉर्क से कंपनी के जहाज के जरिए ऊधम सिंह ने यूरोप के कई देशों का दौरा किया। हालाँकि उनका जहाज कभी ब्रिटेन की तरफ नहीं मुड़ा। ब्रिटेन को अच्छी तरह पता था कि अमेरिका में उसके खिलाफ जहर उगलनेवालों की कमी नहीं। इसी वजह से वह गिने-चुने जहाजों को ही अपने यहाँ आने की इजाजत देता था।

अमेरिकी जहाज से ऊधम सिंह पहले फ्रांस पहुँचे। फ्रांस में कुछ दिन बिताने के बाद वे बेल्जियम और जर्मनी पहुँचे। वहाँ से उन्होंने सड़क के रास्ते लिथुआनिया के विलना तक की यात्रा की। ऊधम सिंह मेहनती और बहादुर तो थे ही, उनकी ड्राइवरी पर भी कंपनी को पूरा भरोसा था। सामान उतारने के बाद ऊधम सिंह हंगरी, पोलैंड, स्विट्जरलैंड

होते हुए इटली के रास्ते फ्रांस वापस लौटे। फ्रांस में एक बार फिर ऊधम सिंह जहाज पर सवार हुए और जहाज अमेरिका के लिए निकल पड़ा। अपने कठिन परिश्रमी और घुमंतू स्वभाव की वजह से ही ऊधम सिंह को 'शेर सिंह', 'उड़ान सिंह' जैसे नामों से भी जाना जाता है।

ऊधम सिंह को जहाज की नौकरी रास आई और अगले तीन साल तक वह एक ऐसी कंपनी में काम करते रहे, जिसका जहाज मध्य यूरोप के कई देशों तक जाता था। 'एस.एस. जलापा' नाम के एक जहाज पर उन्होंने एक बढ़ई की नौकरी कर ली। उसी जहाज से वे जुलाई 1927 में कराची पहुँचे। कराची पहुँचते ही उन्होंने हिंदुस्तान की खबरें पढ़ने के लिए एक अखबार खरीदा। उस अखबार के संपादक थे भगत सिंह। उस अखबार में भगत सिंह का एक लेख छपा था, जिसमें उन्होंने भारत माता के तमाम सपूतों से भारत आकर अंग्रेजों के खिलाफ अभियान छेड़ने का आह्वान किया था। ऊधम सिंह ने उसे भगत सिंह का हुक्म समझा और भारत आने के लिए उनका मन बेचैन हो उठा।

ऊधम सिंह ने एक बार तो कराची में ही जहाज से बिना बताए उतर जाने का फैसला किया; लेकिन फिर उन्हें अहसास हुआ कि ऐसे में कराची में पुलिस केस दर्ज होगा। उनकी तसवीरें छपेंगी और अंग्रेजी हुकूमत एक बार फिर सचेत हो जाएगी। ऊधम सिंह अब 'फ्रैंक ब्राजील' बन गए थे और वह अपनी पहचान तब तक छुपाना चाहते थे, जब तक वह माइकल ओ डायर को इंग्लैंड पहुँचकर खत्म नहीं कर देते। जहाज कराची से कलकत्ता के लिए रवाना हुआ। कलकत्ता आकर उन्होंने दूसरी जहाज कंपनी में नौकरी की बात कहकर 'एस.एस. जालापा' की नौकरी छोड़ दी। उनके दिमाग में भगत सिंह की बातें घूम रही थीं। उनके दिमाग में जलियाँवाला बाग की घटना फिर से ताजा हो गई।

कलकत्ता से ऊधम सिंह अमृतसर आ गए। अमृतसर आकर ऊधम सिंह को पता चला कि पुलिस ने भगत सिंह को बम बनाने के मामले में

जेल में डाल दिया है। ऊधम सिंह को अंग्रेजों पर भारी गुस्सा आया। उन्होंने अपनी क्रांतिकारी गतिविधियाँ तेज कर दीं।

अमृतसर में उन्होंने अपना नाम रखा 'राम मुहम्मद सिंह आजाद'। उस वक्त अंग्रेज हिंदुस्तानियों को धर्म के नाम पर बाँटने की चाल चल रहे थे। इसके खिलाफ सांप्रदायिक एकता की मिसाल कायम करने के लिए ऊधम सिंह ने अपना नया नाम चुना। अमृतसर पहुँचकर ऊधम सिंह ने क्रांतिकारियों से संपर्क साधना शुरू किया। अपनी मुहिम को अंग्रेजों की नजर से बचाने के लिए उन्होंने अमृतसर में एक दुकान खोल ली। वह साइनबोर्ड बनानेवाली पेंटर की दुकान थी।

दुकान पर बड़े-बड़े अक्षरों में 'राम मुहम्मद सिंह आजाद' लिखा था। बाहर से इस दुकान में कारोबार चलता दिखाई देता था, लेकिन अंदर-ही-अंदर यहाँ आनेवाले क्रांतिकारियों के साथ मिलकर ऊधम सिंह अंग्रेजों को उखाड़ फेंकने की योजना बनाते थे।

ऊधम सिंह के मनसूबों की भनक पुलिस को लग गई। पुलिस ने उनपर निगरानी बढ़ा दी। उनके खिलाफ सबूत इकट्ठा करने लगी। उनकी चिट्ठियाँ पहले ही पढ़ी जाने लगीं। पुलिस ने बार-बार उन्हें परेशान करना शुरू कर दिया। पुलिस से तंग आकर कुछ दिनों के लिए ऊधम सिंह अपने पैतृक गाँव सुनाम आ गए। लेकिन यहाँ भी पुलिस ने उनका पीछा नहीं छोड़ा। आखिरकार पुलिस ने उन्हें अमृतसर से गिरफ्तार कर लिया। उनके खिलाफ अवैध हथियार और गोला-बारूद रखने का केस बनाया गया। मुकदमे में सख्त-से-सख्त धारा लगाई गई और उन्हें चार साल की सजा सुनाई गई। ऊधम सिंह को एक खतरनाक कैदी करार देते हुए लाहौर जेल भेज दिया गया। इसी जेल में भारत माता का एक महान् सपूत और एक बड़ा क्रांतिकारी कैद था। लाहौर जेल में देश के दो बड़े क्रांतिकारियों को एक-दूसरे का साथ मिला।

□

जेल में भगत सिंह का साथ

ऊधम सिंह को लाहौर सेंट्रल जेल में डाल दिया गया। लाहौर जेल में ही भगत सिंह को भी रखा गया था। ऊधम सिंह के मन में भगत सिंह को देखने, उनसे मिलने की तीव्र इच्छा थी। मगर अंग्रेजों ने भगत सिंह, सुखदेव और राजगुरु को सख्त नियंत्रण में रखा था। उनकी कोठरी तक जेल अधीक्षक की मरजी के बिना कोई नहीं जा सकता। जेल के कुछ सहानुभूति रखनेवाले कर्मचारियों के जरिए भगत सिंह को ऊधम सिंह के बारे में और ऊधम सिंह को भगत सिंह के बारे में सुनने को मिल जाता था।

जेल में भगत सिंह को करीब दो साल तक रखा गया। ऊधम सिंह जानते थे कि भगत सिंह और उनके साथियों को एक-न-एक दिन क्रूर अंग्रेज शासन फाँसी पर चढ़ा देगा। मगर बेड़ियों और सलाखों के बीच क्रांतिकारी एक-दूसरे से मिलने के लिए तड़पते रहते थे। भगत सिंह का ज्यादातर वक्त जेल में पढ़ने-लिखने में गुजरता था। जेल में रहकर भगत सिंह अपने सगे-संबंधियों को चिट्ठियाँ लिखा करते थे। इन चिट्ठियों के जरिए ही जेल में बिताए भगत सिंह के दिनों से जुड़ी जानकारियाँ मिलती हैं। भगत सिंह पर साम्यवाद का असर था। एक पत्र में उन्होंने पूँजीवादियों को अपने शत्रु बताया है। उन्होंने लिखा है कि "मजदूरों का शोषण करनेवाला भारतीय ही क्यों न हो, वह उसका शत्रु है।" उन्होंने

जेल में एक लेख भी लिखा। अंग्रेजी में लिखे इस लेख का शीर्षक है—'मैं नास्तिक क्यों हूँ?'

जेल की काल कोठरी में भगत सिंह ने कुछ किताबें भी लिखीं। इनमें आत्मकथा 'द डोर टू डेथ' यानी 'मौत के दरवाजे पर', 'आइडियल ऑफ सोशलिज्म' (समाजवाद का आदर्श) तथा 'स्वाधीनता की लड़ाई में पंजाब का पहला उभार' शामिल हैं। भगत सिंह क्रांतिकारी थे, लेकिन अंग्रेज जेलर उनसे और उनके साथियों से किसी अपराधी की तरह सलूक किया करते थे। यही नहीं, जेल में बंद अंग्रेज कैदियों और हिंदुस्तानी कैदियों के बीच भेदभाव किया जाता था। ऊधम सिंह जिस वक्त लाहौर सेंट्रल जेल में लाए गए, उस वक्त इस बात को लेकर आएदिन भगत सिंह और उनके साथी क्रांतिकारी अंग्रेजों के खिलाफ अपना विरोध दर्ज किया करते थे। काल कोठरी से नारेबाजी किया करते थे। भगत सिंह ने कहा कि उनके साथ अंग्रेज कैदियों जैसा सलूक किया जाए। भगत सिंह ने कहा कि उनके साथ अपराधियों की बजाय राजनीतिक कैदियों की तरह बरताव किया जाए। लेकिन जेल प्रशासन कुछ सुनने को तैयार नहीं था। जेल के हालात इतने बदतर थे कि उनका एक-एक दिन बड़ी कठिनाई से गुजरता था। जेल की तरफ से कैदियों को दी गई वर्दियाँ कई दिनों तक धुलती नहीं थीं। जहाँ कैदियों का खाना तैयार होता था, वहाँ चूहे और तिलचट्टे बड़ी संख्या में घूमते रहे थे। कैदियों को पढ़ने को न अखबार मिलता था, न चिट्ठियाँ लिखने के लिए कागज दिया जाता था। जबकि अंग्रेज कैदियों को ये सारी सुविधाएँ दी जाती थीं। 24 जून, 1929 को भगत सिंह ने जेल के बदतर हालात और कैदियों से हो रहे भेदभाव की शिकायत करते हुए अंग्रेज सरकार को एक चिट्ठी लिखी। चिट्ठी में खाने-पीने और पहनने से लेकर अखबार, लिखने-पढ़ने की सामग्री मुहैया कराने के मामले में अंग्रेज कैदियों से समानता की माँग की गई। भगत सिंह ने कहा कि राजनीतिक कैदियों से

साफ-सफाई और बाकी मजदूरोंवाले काम न करवाए जाएँ। मगर भगत सिंह की इस चिट्ठी पर अंग्रेज सरकार ने कोई ध्यान नहीं दिया। जेल प्रशासन के रवैए में भी कोई सुधार नहीं हुआ।

आखिरकार 13 जुलाई, 1929 को लाहौर जेल में भगत सिंह और उनके साथियों ने ऐतिहासिक भूख हड़ताल शुरू कर दी। भूख हड़ताल की गूँज केंद्रीय असेंबली में भी सुनाई पड़ी, जहाँ जिन्ना और जवाहरलाल नेहरू ने जेल में भारतीय कैदियों के साथ हो रहे अमानवीय व्यवहार के खिलाफ आवाज उठाई। मोतीलाल नेहरू ने केंद्रीय असेंबली में स्थगन प्रस्ताव पेश किया, जिसमें लाहौर के बंदियों के साथ हो रहे अमानवीय व्यवहार की निंदा की गई। वह प्रस्ताव 47 के मुकाबले 55 मतों से पास हो गया। इस प्रस्ताव के तहत जिन्ना ने भगत सिंह और बाकी अनशनकारियों के समर्थन में जोरदार भाषण दिया। जिन्ना ने कहा, "एक इनसान, जो भूख हड़ताल करता है, उसकी एक आत्मा होती है। वह उस आत्मा की बात सुनता है और उसे लगता है कि उसे न्याय मिलना चाहिए। आप चाहे उसे कितना भी कोसें, कितना भी कहें कि वह गुमराह किया जा रहा है; लेकिन सरकार की यह प्रणाली, घोर निंदनीय प्रणाली ऐसी है, जिसका हम लोग विरोध करते हैं।"

जवाहरलाल नेहरू जेल में अनशनकारी कैदियों से मिलने पहुँचे। उनसे मिलने के बाद उन्होंने असेंबली में बयान दिया, "मैं उन वीरों की बदतर हालत को देखकर व्यथित हूँ। वे चाहते हैं कि राजनीतिक कैदियों की तरह उनसे बरताव किया जाए। मुझे पूरी उम्मीद है कि उनके त्याग से जीत का सेहरा उन्हीं के सिर बँधेगा।"

इधर सरकार और जेल प्रशासन ने भूख हड़ताल खत्म कराने के लिए एक-से-एक हथकंडे अपनाने शुरू कर दिए। कैदियों की कोठरी में विभिन्न प्रकार के स्वादिष्ट व्यंजन रख दिए जाते थे। अंग्रेज सरकार देखना चाहती थी कि भूख हड़तालियों का इरादा पक्का है या वे खाने

के लालच में अपनी भूख हड़ताल खत्म कर देंगे! लेकिन क्रांतिकारी इस चाल में नहीं आए। किसी ने खाने को हाथ तक नहीं लगाया और हड़ताल जारी रही। जेल प्रशासन ने कैदियों की कोठरी में रखे घड़ों में पानी की जगह दूध भरकर रखना शुरू कर दिया। भूख हड़ताली सिर्फ पानी पर जीवित थे। अंग्रेज सरकार चाहती थी कि वे या तो दूध पीकर भूख हड़ताल खत्म कर दें या फिर प्यास से तड़पते रहें। इस पर भी भूख हड़ताल खत्म नहीं हुई तो जेल अधिकारियों ने क्रांतिकारियों के मुँह में नली डालकर जबरन उन्हें खिलाने की कोशिश की। इसी दौरान किशोरी नाम के एक कैदी ने अपने भोजन की नली को बंद करने के लिए मिर्च पाउडर खा लिया और ऊपर से गरम पानी पी लिया। ऐसे कदमों से जेल अधिकारियों के हाथ-पाँव फूलने लगे और वे सरकार से भूख हड़ताल खत्म कराने की गुहार लगाने पर मजबूर हो गए। हालत ऐसी हो गई कि शिमला में छुट्टी मना रहे भारत के वाइसराय लॉर्ड इरविन को बीच में ही जेल प्रशासकों से बातचीत के लिए दिल्ली आना पड़ा। मगर इस बातचीत से कोई हल नहीं निकल सका। दूसरी तरफ, देश भर में अखबारों के जरिए भगत सिंह और उनके साथियों की भूख हड़ताल की खबर फैल चुकी थी। पूरा देश क्रांतिकारियों के साथ होता चला जा रहा था। अंग्रेज सरकार को घबराहट होने लगी और उसने भगत सिंह के खिलाफ जल्द-से-जल्द सुनवाई पूरी करने की तैयारी शुरू कर दी। सांडर्स हत्याकांड की सुनवाई आनन-फानन में शुरू की गई। इसे अब 'लाहौर षड्यंत्र केस' नाम दिया गया। लाहौर की जेल में ही जज को बिठाकर अदालत की कारवाई शुरू कर दी गई। फर्स्ट क्लास मजिस्ट्रेट राय साहिब पंडित श्री किशन को जज बनाया गया। सांडर्स की हत्या के अलावा भगत सिंह और 27 अन्य बंदियों पर राजा के खिलाफ साजिश रचने का इलजाम लगाया गया। ये आरोप जान-बूझकर लगाए गए, ताकि फाँसी की सजा दी जा सके। भगत सिंह, जो इस वक्त भी भूख

हड़ताल पर थे, उन्हें अदालत में स्ट्रेचर पर लाया गया। वह इतने कमजोर हो चुके थे कि उनका वजन 60 किलो में से 6 किलो 400 ग्राम घट गया था। फिर भी उनके हाथों में हथकड़ी लगी थी।

इस बीच भूख हड़ताल में शामिल क्रांतिकारी यतींद्र दास की हालत बिगड़ने लगी। हड़ताल खत्म करने के लिए उन्हें मारा-पीटा गया। यतींद्र दास बंगाल के क्रांतिकारी संगठन अनुशीलन समिति के सदस्य थे। वह बम बनाने के काम में माहिर थे। भगत सिंह और उनके साथियों के लिए बम बनाने के लिए उनसे संपर्क किया गया था। यतींद्र दास बम बनाने के लिए तैयार हो गए। 14 जून, 1929 को उन्हें भी 'लाहौर षड्यंत्र केस' में गिरफ्तार किया गया था और बंगाल का यह क्रांतिकारी लाहौर की जेल में बंद था। भूख हड़ताल से यतींद्र दास कमजोर होते जा रहे थे। हालाँकि इससे पहले सन् 1925 में बंगाल के मेमनसिंह जेल में भी यतींद्र दास ने जेल अधिकारियों की बदसलूकी के खिलाफ भूख हड़ताल की थी। तब 20 दिनों की भूख हड़ताल के बाद जेल अधीक्षक को उनसे माफी माँगनी पड़ी थी। माफी के बाद यतींद्र दास ने हड़ताल खत्म कर दी थी। मगर इस बार अंग्रेज सरकार के सामने भारतीय और अंग्रेजों से भेदभाव खत्म करने की माँग रखी गई थी। इस माँग को स्वीकार करने के लिए अंग्रेज तैयार नहीं थे। भूख हड़तालियों से बात करने के लिए बनाई गई जेल कमेटी परेशान थी। उसने यतींद्र दास की बिना किसी शर्त रिहाई की सिफारिश अंग्रेज सरकार को भेजी। सरकार ने सिफारिश को खारिज कर दिया और कहा कि यतींद्र दास को जमानत पर छोड़ा जा सकता है।

हड़ताल के 63वें दिन यतींद्र दास की हालत बहुत बिगड़ गई। 13 सितंबर, 1929 को दुबले-पतले शरीर के बावजूद फौलादी इरादा रखनेवाले यतींद्र दास ने दम तोड़ दिया। उनकी मौत के बाद लॉर्ड इरविन ने ब्रिटेन के प्रधानमंत्री रामसे मैकडोनॉल्ड को इसकी सूचना दी। इरविन ने लिखा—

"षड्यंत्र केस में बंदी यतींद्र दास, जो भूख हड़ताल पर थे, उनकी मौत आज दोपहर 1 बजे हो गई। कल रात पाँच हड़तालियों ने अनशन खत्म कर दिया। यानी अब सिर्फ भगत सिंह और बटुकेश्वर दत्त भूख हड़ताल पर हैं।"

यतींद्र दास तड़पते रहे, लेकिन अंग्रेजों के अत्याचार के आगे घुटने नहीं टेके। अनशन से ही अपना अंत कर लिया। स्वतंत्रता से पहले भूख हड़ताल से दम तोड़नेवाले यतींद्र दास इकलौते व्यक्ति थे। इससे पहले किसी ने भी अंग्रेजों के खिलाफ अनशन से दम नहीं तोड़ा था। अवैध नजरबंदियों और जेल में कैदियों से बदसलूकी के खिलाफ इससे पहले ऐसा आंदोलन किसी ने नहीं किया था। जेल में यतींद्र दास की मौत से पूरे देश को गहरा सदमा लगा। उनका शरीर रेल द्वारा लाहौर से कलकत्ता ले जाया गया। रास्ते में जहाँ भी ट्रेन रुकती, उनके अंतिम दर्शन करनेवाले लोगों का ताँता लगा रहता था। ट्रेन के पहुँचने से पहले उस स्टेशन की तरफ हजारों की तादाद में लोग दौड़ पड़ते थे। कलकत्ता में जब ट्रेन पहुँची तो पूरा शहर सड़कों पर उमड़ आया था। उनके शरीर को अंतिम संस्कार के लिए जब ले जाया जा रहा था, उस वक्त करीब दो मील लंबा जुलूस उन्हें अंतिम विदाई देने के लिए निकला था।

यतींद्र दास एक क्रांतिकारी थे; लेकिन उनकी मौत के बाद देश भर के राष्ट्रवादी नेताओं ने उन्हें अपनी श्रद्धांजलि दी। मोहम्मद आलम और गोपीचंद भार्गव ने पंजाब विधान परिषद् से उनकी मौत के विरोध में इस्तीफा दे दिया। इस बीच कांग्रेस पार्टी ने एक प्रस्ताव पास किया, जिसमें भगत सिंह से अनशन खत्म करने की अपील की गई। प्रस्ताव में कहा गया कि पूरा देश भगत सिंह के साथ है; लेकिन देश को उनकी कीमती जान की परवाह है। पार्टी चाहती है कि भगत सिंह अनशन खत्म करें और देश को आजादी दिलाने के संघर्ष को नए सिरे से शुरू करें। भगत सिंह के पिता ने भी उनसे भूख हड़ताल खत्म करने को

कहा। आखिरकार भगत सिंह ने 5 अक्तूबर, 1929 को 116 दिन लंबी भूख हड़ताल को खत्म कर दिया।

भूख हड़ताल के दौरान भगत सिंह की ख्याति सिर्फ पंजाब में ही नहीं, बल्कि पूरे देश में फैल गई। ऊधम सिंह ने भूख हड़ताल में हिस्सा लिया। करीब 20 दिन तक ऊधम सिंह ने भी कुछ नहीं खाया। भगत सिंह की अपील पर कैदियों ने भी जेल में क्रमिक भूख हड़ताल की थी। 20 दिन की अवधि पूरा होते ही ऊधम सिंह ने भी उपवास तोड़ा था। भगत सिंह ने इसी दौरान ऊधम सिंह को अपने पहले से निश्चित लक्ष्य को पूरा करने का संदेश भिजवाया था। भगत सिंह ने कहा था कि उन्हें भारत में क्रांतिकारी और स्वतंत्रता के संघर्ष की चिंता नहीं करनी है। उन्हें ब्रिटेन जाकर जो अधूरा काम है, उसे पूरा करने पर ध्यान देना है।

भगत सिंह का उपवास खत्म होने से अंग्रेजों को फौरी राहत मिली। लेकिन उनके दमनकारी रवैए में कोई बदलाव नहीं आया। भगत सिंह और उनके साथियों के खिलाफ मुकदमे की कारर‌वाई तेज कर दी गई। साथी क्रांतिकारियों में से कुछ, जो कमजोर थे, उन्हें सरकारी गवाह बनाने में अंग्रेजों को कामयाबी मिल गई। ऐसे ही एक क्रांतिकारी जय गोपाल सरकारी गवाह बन गए। कोर्ट में जब जय गोपाल ने सरकारी गवाह बनने की बात कबूल की तो उनके सामने के कठघरे में खड़े एक क्रांतिकारी प्रेम दत्त, जो 28 कैदियों में सबसे युवा क्रांतिकारी था, ने जय गोपाल की तरफ अपना चप्पल दे मारा। इस घटना के फौरन बाद मजिस्ट्रेट ने हुक्म दिया कि सभी आरोपियों को हथकड़ी में रखा जाए। भगत सिंह और उनके साथियों ने हथकड़ी पहनने से इनकार कर दिया। उनके साथ जोर-जबरदस्ती की गई और आदेश न मानने पर जमकर पिटाई की गई। भगत सिंह ने अदालत की कारर‌वाई में सहयोग देने से इनकार कर दिया। भगत सिंह ने चिट्ठी लिखकर जज को बताया कि उन्होंने देश को अंग्रेजों से आजादी दिलाने के लिए कदम उठाए हैं। अब जज को जो फैसला करना

है वे करें, लेकिन वो सुनवाई में मौजूद नहीं रहेंगे।

जज ने इसके बाद क्रांतिकारियों की गैर–मौजूदगी में ही सुनवाई शुरू कर दी। इसे भगत सिंह के लिए एक झटका भी माना जाता है, क्योंकि काररवाई में मौजूद न होने से पूरे देश को उनकी क्रांतिकारी बातें सुनने को नहीं मिलती थीं। 7 अक्तूबर, 1930 को कोर्ट ने 300 पेज का एक फैसला सुनाया। तमाम सबूतों और गवाहों के बयानों के आधार पर भगत सिंह, सुखदेव और राजगुरु को सांडर्स की हत्या का दोषी पाया गया और तीनों को मौत की सजा सुनाई गई। बाकी के 12 आरोपियों को उम्रकैद की सजा दी गई। जज ने आदेश दिया कि भगत सिंह और उनके दो साथियों को 24 मार्च, 1931 को फाँसी पर लटका दिया जाए। मौत के जिस वारंट पर जज ने दस्तखत किए, उसके किनारे की पट्टी काले रंग की पट्टी थी। मगर फाँसी से पाँच दिन पहले 17 मार्च, 1931 को पंजाब के गृह सचिव ने नई दिल्ली में गृह विभाग को एक टेलीग्राम भेजा। उस टेलीग्राम में लिखा था कि भगत सिंह की फाँसी की तारीख एक दिन पहले यानी 23 मार्च, 1931 तय की जाती है। भगत सिंह को बताया गया कि उनकी फाँसी का वक्त 11 घंटे पहले तय किया गया है। ऐसा कहा जाता है कि अंग्रेजों पर तीनों की फाँसी रोकने का भारी दबाव था। देश में हालात बिगड़ने और कई राज्यों में बगावत का खतरा था। इसी वजह से भगत सिंह को एक दिन पहले ही फाँसी देने का फैसला किया गया। यह भी कहा जाता है कि भगत सिंह की फाँसी के दौरान कोई भी मजिस्ट्रेट मौके पर मौजूद नहीं रहना चाहता था। आखिरकार एक मानद और अवैतनिक मजिस्ट्रेट नवाब मुहम्मद अहमद खान कसूरी फाँसी की काररवाई में मौजूद रहने के लिए तैयार हुए। उन्हीं से इन तीनों की फाँसी के वारंट पर दस्तखत कराए गए, क्योंकि पिछला वारंट एक्सपायर हो चुका था।

23 मार्च की शाम भगत सिंह, सुखदेव और राजगुरु को नहाने-

धोने और पूजा-पाठ का समय दिया गया। भगत सिंह को लेने जिस वक्त लाहौर जेल के जेलर पहुँचे, उस वक्त वह एक किताब पढ़ रहे थे। भगत सिंह प्रेरणा के लिए लेनिन को पढ़ा करते थे; लेकिन उस दिन वह राम प्रसाद बिस्मिल की जीवनी पढ़ रहे थे। एक-एक कर भगत सिंह, सुखदेव और राजगुरु को कोठरी से बाहर निकाला गया। तीनों जेल के गलियारे में एक-दूसरे को देख रहे थे। जेलर ने कहा कि फाँसी का वक्त करीब आ गया है और उन्हें चलना होगा। भगत सिंह ने कहा, "चलते हैं, पहले एक-दूसरे से गले तो मिल लें।" तीनों क्रांतिकारी एक-दूसरे से गले मिले और 'भारत माता की जय', 'इनकलाब जिंदाबाद' के नारों से पूरा जेल परिसर गूँज उठा। ऊधम सिंह की कोठरी तक यह आवाज पहुँची। उनका रोम-रोम खड़ा हो गया। उनके मुँह से भी नारे गूँजने लगे। ऊधम सिंह नारे लगा रहे थे—"भगत सिंह, सुखदेव, राजगुरु की जय!" भारत माता के तीनों सपूत 'मेरा रँग दे बसंती चोला,' के गीत गाते हुए फाँसी के तख्ते की तरफ बढ़ चले। तख्ते के करीब पहुँचते ही तीनों क्रांतिकारियों ने अपने सामने झूल रहे फंदे को चूम लिया। देश की आजादी के लिए मौत को हँसकर गले लगानेवाले की मिसाल पूरी दुनिया में शायद ही कहीं और मिले। शाम के 7 बजकर 33 मिनट पर तख्ता हटाया गया और भगत सिंह, सुखदेव और राजगुरु फाँसी के फंदे से झूल गए। जेल अधिकारियों ने फाँसी के बाद एक और घिनौना काम किया। जेल की पिछली दीवार को चुपके से तोड़ा गया और तीनों शहीदों के शरीरों को रात के अँधेरे में गंदा सिंह वाला गाँव ले जाया गया। गाँव के बाहर उनके शवों को जलाया गया। गाँव के लोगों ने आग जलती देखी तो वे उस ओर जाने लगे। आनन-फानन में सिपाहियों ने शहीदों की अस्थियों को सतलज नदी में फेंका और वहाँ से भाग गए। गाँववालों ने अस्थियों को एक-एक कर चुना और फिर तीनों शहीदों का विधिवत् अंतिम संस्कार किया।

फाँसी की खबर सुनकर पूरा देश स्तब्ध रह गया। देश के छोटे-बड़े शहरों तक खबर पहुँची और देश भर में शोक की लहर फैल गई। भारत ही नहीं, विदेशों में भी आनन-फानन में फाँसी देने की घटना की घोर निंदा हुई। देश में लोग अंग्रेजों के साथ-साथ गांधीजी को भी भगत सिंह और साथियों की मौत का कसूरवार मानने लगे। गांधीजी जब लाहौर अधिवेशन में हिस्सा लेने जा रहे थे, तब उन्हें काले झंडे दिखाए गए। कुछ जगहों पर उनपर हमले की कोशिश भी हुई; लेकिन पुलिस ने गांधीजी को बचा लिया। दूसरी तरफ गांधीजी का कहना था कि उन्होंने भगत सिंह को बचाने के लिए बहुत प्रयास किए, लेकिन वे अपने प्रयास में सफल नहीं हो सके। हालाँकि कई लोगों का मानना है कि गांधीजी भगत सिंह और बाकी क्रांतिकारियों की गतिविधि से खुश नहीं थे और उन्होंने अंग्रेजों पर उन्हें बचाने के लिए दबाव नहीं बनाया।

अखबारों में शहीद भगत सिंह और उनके साथियों को फाँसी दिए जाने की खबर सुर्खियों में थी। लाहौर के उर्दू दैनिक समाचार-पत्र 'पयाम' ने लिखा था—

''हिंदुस्तान इन तीनों शहीदों को पूरे ब्रितानिया से ऊँचा समझता है। अगर हम हजारों-लाखों अंग्रेजों को मार भी गिराएँ तो भी हम पूरा बदला नहीं चुका सकते। यह बदला तभी पूरा होगा, अगर तुम हिंदुस्तान को आजाद करा लो। तभी ब्रितानिया की शान मिट्टी में मिलेगी। ओ भगतसिंह, राजगुरु और सुखदेव! अंग्रेज खुश हैं कि उन्होंने तुम्हारा खून कर दिया। लेकिन वे गलती पर हैं। उन्होंने तुम्हारा खून नहीं किया, उन्होंने अपने ही भविष्य में छुरा घोंपा है। तुम जिंदा हो और हमेशा जिंदा रहोगे।''

इधर जेल में जिस वीरता से भारत माता के तीनों सपूतों ने अपने गले में फाँसी का फंदा पहना, उसका वर्णन जेल में सुनकर ऊधम सिंह का निश्चय और दृढ़ हो गया। साथ ही अंग्रेजों के खिलाफ ऊधम सिंह का गुस्सा फूट पड़ा। अपनी कोठरी से ऊधम सिंह 'शहीद भगत सिंह

अमर रहें, वीर सुखदेव अमर रहें, शहीद सुखदेव अमर रहें' के नारे लगाने लगे। घायल शेर की तरह ऊधम सिंह दहाड़ते रहे।

उनकी दहाड़ से पूरा लाहौर सेंट्रल जेल हिल उठा। ऊधम सिंह की आवाज पर जेल में बंद बाकी कैदियों ने भी अपनी आवाज बुलंद कर दी। अब जेल में चारों तरफ तीनों शहीदों के नाम के नारे लग रहे थे। पूरा जेल देश की आजादी के नारों से गूँज उठा। अंग्रेजों को समझ नहीं आया कि यह क्या हो रहा है! जेल में अलार्म बजा दिया गया। सिपाहियों को हुक्म दिया गया कि कैदियों को पकड़-पकड़कर कमरे में ठूँस दिया जाए। जो जितनी तेज आवाज में नारे लगा रहा हो, उसे उतनी ही बर्बरता से पीटा जाए।

जेल में लाठियों की तड़तड़ाहट की आवाज तेज हो गई। पैर और हाथ की बजाय सिपाहियों की लाठियाँ कैदियों के सिर पर बरस रही थीं। कैदी लहूलुहान हो रहे थे, लेकिन उनका नारा कमजोर नहीं पड़ रहा था। ऊधम सिंह अपने कमरे से लगातार नारेबाजी कर रहे थे। उन्हें कैदियों के चीखने की आवाज जितनी तेज सुनाई पड़ती, वे और उतनी जोर-जोर से नारेबाजी करते।

सुबह से जेल के कैदियों ने अन्न का एक दाना भी नहीं खाया था, लेकिन देश के लिए उनकी आवाज उतनी ही बुलंदी से निकल रही थी। आखिरकार कैदियों को जोर-जबरदस्ती से अपने-अपने सेल में ठूँस दिया गया। कैदियों ने जेल में भूख हड़ताल कर दी। ऊधम सिंह ने कहा कि आज जेल का एक भी कैदी अन्न को हाथ नहीं लगाएगा। देश के तीन महान् सपूत सूली पर चढ़े थे और जेल के एक भी कैदी ने भोजन नहीं किया।

कुछ देर शांत रहने के बाद ऊधम सिंह ने फिर नारेबाजी की। उन्होंने ऐलान किया कि अब जेल में हर दिन ऐसी ही नारेबाजी होगी। अंग्रेजों के खिलाफ जेल में वे चुप नहीं बैठेंगे। ऊधम सिंह ने जेल में

बंद रहकर भी बाहर सक्रिय क्रांतिकारियों को अंग्रेजों के खिलाफ हमले तेज करने की प्रेरणा दी। जेल में माहौल पूरी तरह से अंग्रेजों के खिलाफ था। भगत सिंह, राजगुरु व सुखदेव को फाँसी दिए जाने की खबर के बाद काफी दिनों तक उन्होंने खाना-पीना छोड़ दिया था।

आएदिन नारेबाजी और भूख हड़ताल से ऊधम सिंह ने अंग्रेजों की नाक में दम कर दिया। ऊधम सिंह की एक आवाज पर कैदी विद्रोह कर देते थे। तंग आकर अंग्रेजों ने ऊधम सिंह को किसी और जेल में भेजने का फैसला किया। ऊधम सिंह को लाहौर जेल से निकालकर मुल्तान की जेल में लाया गया।

सन् 1932 का वह साल था, जब ऊधम सिंह को बेड़ियों में जकड़कर मुल्तान जेल लाया गया। उन्हें ऐसी काल कोठरी में डाला गया, जहाँ सूरज की रोशनी तक नहीं पहुँचती थी। अंग्रेजों ने जेलर को हिदायत दे रखी थी कि ऊधम सिंह से किसी को मिलने न दिया जाए। ऊधम सिंह की सजा अभी एक साल और बाकी थी। अंग्रेजों के सलूक ने एक साल के एक-एक दिन को कई बरसों जितना लंबा बना दिया। ऊधम सिंह हर दिन जेल की दीवार पर लकीरें खींचते और एक-एक दिन बीतने पर उसे काटते जाते। आखिरकार वह दिन आ गया, जब अंग्रेजों को ऊधम सिंह को रिहा करना पड़ा। ऊधम सिंह जेल से बाहर आए, लेकिन बाहर आकर भी उन्हें आजादी का वह अहसास नहीं हुआ। भारत माता जब तक अंग्रेजों की बेड़ियों में जकड़ी थी, उसके सपूत को चैन कैसे पड़ सकता था!

ऊधम सिंह ने सीधे अमृतसर का रुख किया। उनकी पेंटर की दुकान बंद पड़ी थी। बोर्ड पर लिखा अपना नाम 'राम मुहम्मद सिंह आजाद' देखकर उनका सीना एक बार फिर गर्व से चौड़ा हो गया। उनमें अपने मिशन को आगे बढ़ाने का जोश फिर से पैदा हो गया। अब उनपर अंग्रेजों ने और कड़ी निगाह रखनी शुरू कर दी। उनके पीछे

खुफिया जासूस छोड़ दिए गए। ऊधम सिंह अंग्रेजों की हरकत को भाँप गए। एक पल के लिए उन्हें लगा कि ऐसी पहरेदारी में वह अपना प्रण कभी पूरा नहीं कर सकेंगे। देश से बाहर निकलकर वह किसी ऐसी जगह जाना चाहते थे, जहाँ उनपर पल-पल नजर न रखी जा रही हो। ऊधम सिंह के अंदर यह इच्छा तीव्र होती जा रही थी; लेकिन हालात साथ नहीं दे रहे थे।

वे जेल से छूटकर आए थे और जेब खाली थी। दुकान बंद हो जाने से धंधा भी चौपट था। ऊधम सिंह ने काम को आगे बढ़ाना शुरू किया। उन्होंने 'पंजाब केसरी' लाला लाजपत राय और स्वामी श्रद्धानंद जैसे नेताओं से फिर से संपर्क साधा। इन नेताओं से मिलकर ऊधम सिंह में फिर से जोश भर जाता था। देश-प्रेम की बातें सुनकर उनमें अपने मिशन को जान की बाजी लगाकर पूरा करने का हौसला पैदा होता था। अब ऊधम सिंह ने लंदन जाने के प्लान पर काम करना शुरू किया। पैसों के लिए उन्होंने अपना जो कुछ था, सब बेचने का फैसला किया। अगर फिर भी कम पड़े तो क्रांतिकारियों की मदद लेने का मन बनाया। पैसों के बाद ऊधम सिंह को पासपोर्ट हासिल करने का इंतजाम करना था। ऊधम सिंह जानते थे, जिस तरह अंग्रेज उनके पीछे साए की तरह पड़े थे, सीधी उँगली से घी नहीं निकल सकता था। किसी भी सरकारी दफ्तर में अर्जी देकर उन्हें पासपोर्ट नहीं मिल सकता था। उन्हें अब किसी ऐसे शख्स की तलाश थी, जो उन्हें फर्जी ही सही, लेकिन एक पासपोर्ट दिलवा सके।

ऊधम सिंह का दिन इस चक्कर में निकल जाता था, लेकिन शाम होते ही उन्हें निराशा घेर लेती। रात को बिस्तर पर पड़े-पड़े वह यही सोचते कि आज का दिन भी बेकार गया। आज भी कोई ऐसा रास्ता नहीं निकला, जो उन्हें विदेश ले जा सके। एक रात यही सोचते-सोचते उन्हें नींद आ गई। सपने में उन्हें लगा जैसे भारत माता उनके कान में खुसफुसा

रही हो। सुबह ऊधम सिंह ने सपने को याद किया तो लगा जैसे वह बार-बार उन्हें 'शेर सिंह, शेर सिंह' कहकर पुकार रही हो। भारत माता ने ऊधम सिंह से कहा, 'तुम्हारा नाम शेर सिंह है और शेर कभी हार नहीं मानता।' ऊधम सिंह अगले दिन जोश से भरे हुए थे। उन्हें लगा, जब भारत माता खुद उनके साथ है तो उन्हें अपने मकसद को हासिल करने से कोई नहीं रोक सकता।

अगले दिन दुकान पर एक सज्जन आए। बातचीत में उन्होंने एक जाली पासपोर्ट बनानेवाले के बारे में बताया। ऊधम सिंह उनकी बातें सुनकर हैरान रह गए। उन्हें लगा, यह इत्तफाक नहीं हो सकता कि रात को सपना आया और सुबह रास्ता दिखानेवाला सामने खड़ा है! ऊधम सिंह ने तुरंत उनसे पासपोर्ट बनानेवाले का नाम और पता पूछा। वह अमृतसर के पासपोर्ट ऑफिस का एक एजेंट था। दोपहर को दुकान बंद कर ऊधम सिंह पासपोर्ट ऑफिस जा पहुँचे। उन्हें वह एजेंट भी मिल गया। एजेंट से बातचीत में पता चला कि ब्रिटेन जाना आसान नहीं है। पासपोर्ट की गहरी पड़ताल होती है। पासपोर्ट की पड़ताल के बाद वीजा का आवेदन देना पड़ता है। ऊधम सिंह ने सोचा, अभी-अभी तो वह जेल से बाहर आए हैं। ब्रिटेन सरकार उनके जैसे क्रांतिकारी को भला आने का न्योता क्यों देगी! फिर एजेंट ने ही ऊधम सिंह को रास्ता दिखाया। उसने कहा, "पहले यूरोप के किसी देश चले जाओ, फिर वहाँ से इंग्लैंड जाना शायद आसान होगा।" ऊधम सिंह अमेरिका की यात्रा कर चुके थे। उन्हें मालूम था, ब्रिटेन ने भारतीयों के आने पर कितनी कड़ी शर्तें लगा रखी हैं। उन्हें एजेंट की बात पसंद आई। उन्होंने यूरोप के किसी देश जाने का फैसला किया। यहाँ भी एजेंट ने ही उन्हें रास्ता दिखाया। उन्हें जर्मनी जाने की सलाह दी। एजेंट से पासपोर्ट और वीजा का खर्चा पूछकर ऊधम सिंह दुकान पर लौट आए।

उस दिन ऊधम सिंह बेहद खुश थे। उन्हें लगा, जैसे उनका रास्ता

आसान हो गया है। वह पूरे मन से अपने काम में जुट गए। दिन-रात एक कर उन्होंने पैसा इकट्ठा करना शुरू कर दिया। आधा पेट खाकर भी वह पैसे बचाने लगे। इस बीच उनका संपर्क पंजाब के एक ऐसे धनी व्यक्ति से हुआ, जो क्रांतिकारियों की अंदर-ही-अंदर मदद करते थे। ऊधम सिंह ने उन्हें अपनी समस्या बताई। उन्होंने ऊधम सिंह से पासपोर्ट ऑफिस के एजेंट का नाम पूछा। ऊधम सिंह कुछ और कहते, इससे पहले उन्होंने कहा, "आपका काम हो जाएगा।"

ऊधम सिंह वापस अपनी दुकान पर लौटे। अपनी जमा-पूँजी का हिसाब लगाया। दुकान बेचने के लिए बातचीत शुरू कर दी। दुकान खरीदनेवाले का इंतजाम भी हो गया। हफ्ते भर बाद दुकान पर वही एजेंट आया, जिसे उन्होंने पासपोर्ट और वीजा का काम सौंपा था। ऊधम सिंह ने पासपोर्ट खोलकर देखा। लाहौर पासपोर्ट ऑफिस की मुहर लगी थी। नाम लिखा था—ऊधम सिंह और 20 मार्च, 1933 की तारीख दर्ज थी। ऊधम सिंह को कागजात देखकर यकीन नहीं हुआ कि वह पूरी तैयारी के साथ विदेश जाने वाले हैं। उन्होंने एजेंट से खर्चा पूछा। एजेंट ने कहा, "उसकी चिंता आप मत कीजिए। मुझे मेरे पैसे मिल चुके हैं।" ऊधम सिंह दंग रह गए। एजेंट ने बताया, "आपने जिनसे मदद माँगी थी, उन्होंने आपकी मदद कर दी।" ऊधम सिंह को सारा माजरा समझ आ गया। ऊधम सिंह विदेश रवाना होने के लिए तैयार थे।

□

उदे सिंह से क्रांतिकारी ऊधम सिंह तक

ऊधम सिंह के विदेश जाने में कोई अड़चन नहीं रह गई थी। अब उन्हें अपने मिशन को पूरा करने के लिए बस, बसंती चोला ओढ़ना था। बालक उदे सिंह का जन्म 1899 में हो चुका था; मगर उस ऊधम सिंह का जन्म होना बाकी था, जिसे हिंदुस्तान ही नहीं, पूरी दुनिया आज भारत माता के महान् सपूत—क्रांतिकारी ऊधम सिंह के नाम से जानती है। पंजाब यानी पाँच पवित्र नदियोंवाले प्रदेश का इतिहास गवाह है कि यहाँ प्राचीन काल से ही महान् संतों और शूरवीर योद्धाओं ने जन्म लिया है। इसलामी आक्रमण से देश की रक्षा करनेवालों में सबसे पहले इसी क्षेत्र के योद्धा सीना तानकर खड़े हुए थे। इसलाम के प्रभाव से हिंदू धर्म की रक्षा करने के लिए गुरु नानक देवजी ने यहीं सिख पंथ की स्थापना की थी। इसी मिट्टी में महान् क्रांतिकारी मदनलाल ढींगरा पैदा हुए, शहीद भगत सिंह ने जन्म लिया। विदेश यात्रा से पहले ऊधम सिंह ने एक-एक कर भारत माता के महान् सपूतों की शहादत को याद किया। अब ऊधम सिंह को इन महान् क्रांतिकारियों से प्रेरणा लेकर जलियाँवाला नर-संहार के दोषियों को उसकी सजा देनी थी।

ऊधम सिंह को सबसे ज्यादा आकर्षित करती थी मदनलाल ढींगरा की बीरता की कहानी। अमर शहीद मदनलाल ढींगरा का जन्म कब और किस शहर या गाँव में हुआ, इस पर विवाद है। ज्यादातर लेखकों

और इतिहासकारों के मुताबिक ऐसा माना जाता है कि मदनलाल ढींगरा का जन्म अमृतसर शहर में हुआ। हालाँकि यह कब और कहाँ हुआ था, इस पर आज भी खोजबीन चल रही है। कुछ इतिहासकार मानते हैं कि संभवत: सन् 1887 के आस-पास पंजाब के किसी स्थान पर मदनलाल ढींगरा का जन्म हुआ होगा। वैसे, संभावना तो यही है कि मदनलाल ढींगरा का जन्म अमृतसर शहर में ही हुआ हो, क्योंकि सन् 1855 या 1856 तक मदनलाल ढींगरा का परिवार अमृतसर में आकर बस चुका था। देखा जाए तो मदनलाल ढींगरा और ऊधम सिंह की कहानी बहुत हद तक मिलती-जुलती है। ऊधम सिंह ने इंग्लैंड में जिस तरह डायर को भरी सभा में गोलियों से भूना था, वैसा ही कारनामा मदनलाल ढींगरा ने 1 जुलाई, 1909 को किया था। मदनलाल ढींगरा ने इंग्लैंड जाकर 'इंडियन नेशनल एसोसिएशन' के वार्षिकोत्सव के मौके पर भारत सचिव के राजनीतिक सलाहकार कर्जन वायली नाम के अंग्रेज अफसर को गोलियों से भून दिया था। फाँसी की सजा दिए जाने पर मदनलाल ढींगरा ने अंग्रेजों से कहा था, "मुझे इस बात पर गर्व है कि मैं अपने देश के लिए अपने प्राण न्योछावर कर रहा हूँ।" और फिर वह हँसते-हँसते फाँसी के फंदे पर झूल गए थे। ऊधम सिंह के सामने मदनलाल ढींगरा की तसवीर प्रेरणा-स्रोत के रूप में घूम गई। 24 साल पहले मदनलाल ढींगरा ने देश के पहले क्रांतिकारी कारनामे को अंजाम दिया था। अब ऊधम सिंह को एक बार फिर इतिहास दोहराना था।

ऊधम सिंह ने अपने जीवन में मदनलाल ढींगरा से कई गुना ज्यादा कष्ट झेला था। मदनलाल ढींगरा का जन्म पंजाब के एक संपन्न परिवार में हुआ था। उनके पिता राय साहब डॉ. दित्तामल पंजाब सिविल सर्विस के सदस्य थे और पंजाब के सिविल सर्जन के उच्च पद पर पहुँचे थे। डॉ. दित्तामल जन्म से ही नहीं, कर्मों से तथा रहन-सहन से भी पूरे अंग्रेज थे। साहबी सूट-बूट, सिगार और अंग्रेजी भाषा से अगाध प्रेम!

पर डॉ. दित्तामल की पत्नी मंतो बड़े ही धार्मिक संस्कारों को माननेवाली और विशुद्ध आचारवाली महिला थीं। वह हमेशा पूजा-भजन में लीन रहतीं। घर में नौकर और खानसामों की मौजूदगी में भी वह अपना सादा व शुद्ध शाकाहारी भोजन खुद अपने हाथों से बनातीं और रसोई के अंदर बैठकर खातीं।

ऐसे धार्मिक संस्कारोंवाली महिला के पति डॉ. दित्तामल अंग्रेज-भक्त होने के साथ-साथ बहुत ही धन-लोलुप थे। उन्होंने बहुत से मकान अमृतसर में खरीद लिये थे, जो उन्होंने किराए पर उठा रखे थे। इसके अलावा खेत-खलिहान, दुकानें, गोदाम आदि जमीन-जायदाद उन्होंने अपनी कमाई से खरीद डाली थी। दूसरी तरफ, ऊधम सिंह एक मजदूर के घर पैदा हुए थे। माँ जन्म के दो साल बाद ही स्वर्ग सिधार गईं और पिता भी छह साल बाद भगवान् को प्यारे हो गए और ऊधम सिंह को उनके भाई साधु के साथ बेसहारा छोड़ गए। मगर अलग-अलग रहन-सहन के बावजूद मदनलाल ढींगरा और ऊधम सिंह की सोच एक जैसी थी। दोनों ही भारत माता की आजादी का सपना देखते थे। जीवन में सुख भोगने की इच्छा नहीं थी। इच्छा थी तो बस, भारत माता को आजाद देखने की। मदनलाल ढींगरा के संस्कार अपने पिता के विचारों से बिल्कुल प्रतिकूल थे। उनके पिता जहाँ अंग्रेजों के रंग में रँगे थे और 'राय साहब' की उपाधि लेकर फूले नहीं समाते थे, वहीं मदनलाल ढींगरा को अंग्रेजों से नफरत थी। बचपन से ही ढींगरा स्वतंत्रता संग्राम के शहीदों से बहुत ज्यादा प्रभावित थे। मंगल पांडेय उनके जन-नायक थे।

अंग्रेजों के लिए मदनलाल ढींगरा के दिल में नफरत बचपन में ही पैदा हो चुकी थी। मदनलाल ढींगरा ने अपने पिता डॉ. दित्तामल को अंग्रेज अफसरों, जजों, डिप्टी कमिश्नरों के साथ बहुत घुल-मिलकर रहते देखा था।

एक अंग्रेज डिप्टी कमिश्नर के पास एक बहुत सुंदर अल्सेशियन

कुत्ता था। अंग्रेज साहब के सारे आदेश कुत्ते के लिए भी अंग्रेजी भाषा में ही होते थे, जिसे कुत्ता अच्छी तरह समझ लेता था। एक बार डिप्टी कमिश्नर अपने साथ उस कुत्ते को लेकर सैर करने आया। डॉ. दित्तामल ने उस अंग्रेज डिप्टी कमिश्नर को अपने घर एक कप चाय पीने के लिए बुला लिया। चाय के दौरान ही मदनलाल ढींगरा, जो उस समय बहुत कम उम्र के ही थे, खेलते-खेलते उस कमरे में आ गए। कमरे में ही कुत्ता बैठा हुआ था। अपने बचपने और जिज्ञासावश मदनलाल उस कुत्ते से हिंदी में बोलते हुए प्यार करने लगे। कुत्ता गुर्राता रहा। उसने मदनलाल ढींगरा के उस स्नेह का कोई जवाब नहीं दिया, जिससे उनका बाल मन थोड़ा सा क्षुब्ध हो गया।

अंग्रेज डिप्टी कमिश्नर ने हँसते हुए मदनलाल से कहा, ''यह कुत्ता ऊँची अंग्रेज जाति का है, इसलिए सिर्फ अंग्रेजी ही समझता है।''

क्षुब्ध मदनलाल ढींगरा के मुख से बरबस निकल पड़ा, ''अंग्रेजी भाषा ही कुत्तों की भाषा है।''

पिता से विचारों के मतभेद ने मदनलाल ढींगरा को अपने पैरों पर खड़ा होना सिखाया। ऊधम सिंह गरीब परिवार में जनमे थे, लेकिन ढींगरा ने अमीर के घर जन्म लेकर भी संघर्ष का रास्ता चुना। होश सँभालने के कुछ ही दिनों बाद मदनलाल ढींगरा अमृतसर से बुंबई चले आए। बुंबई में ढींगरा ने क्लर्क से लेकर ताँगा चलानेवाले तक का काम किया। कुछ दिनों बाद उन्होंने एक फैक्टरी में मजदूरी भी की। मदनलाल ने वहाँ मजदूर यूनियन बनाने का प्रयास किया। इस प्रयास की वजह से ही उन्हें नौकरी से निकाल दिया गया। मदनलाल ढींगरा के मन में अंग्रेजों के प्रति नफरत और बढ़ गई। उसी वक्त मदनलाल ढींगरा क्रांति की राह पर चलने को तैयार थे, लेकिन उनके बड़े भाई ने उन्हें समझाया। बड़े भाई ने इंग्लैंड जाकर आगे की पढ़ाई पूरी करने की प्रेरणा दी। सन् 1906 में मदनलाल ने इंग्लैंड के यूनिवर्सिटी कॉलेज में मेकैनिकल

इंजीनियरिंग के कोर्स में दाखिला लिया। इंग्लैंड में भी मदनलाल ढींगरा का संपर्क राष्ट्रवादियों से बना रहा। भारत में रहते हुए ढींगरा को वीर सावरकर के सान्निध्य में रहने का मौका मिला था। सावरकर के क्रांतिकारी विचारों से मदनलाल ढींगरा बेहद प्रभावित थे। ढींगरा और सावरकर का खून तब सबसे ज्यादा खौला, जब उन्होंने देखा कि अंग्रेजों ने खुदीराम बोस, कन्हैया लाल दत्त, सतिंदर पाल और पं. काशीराम जैसे स्वतंत्रता सेनानियों को फाँसी पर चढ़ा दिया। सावरकर और मदनलाल ढींगरा के मन में एक ही बात थी—अंग्रेजों से खून का बदला खून से लेना होगा। बदले की ऐसी ही आग ऊधम सिंह के सीने में जल रही थी। वह भी जलियाँवाला बाग में हुए खून-खराबे की याद को लेकर जिंदा थे। मदनलाल ढींगरा को अंग्रेजों से बदला लेनेवाले पहले क्रांतिकारी के रूप में जाना जाता है। ऐसे में ऊधम सिंह और उनके समय के बाकी क्रांतिकारियों के लिए मदनलाल ढींगरा एक आदर्श उदाहरण थे।

विदेश यात्रा से पहले ऊधम सिंह पर जिस क्रांतिकारी का प्रभाव सबसे ज्यादा था, वह थे भगत सिंह। भगत सिंह, सुखदेव और राजगुरु की शहादत लाहौर के उसी सेंट्रल जेल में हुई थी, जहाँ ऊधम सिंह कैद थे। जिस बर्बरता से अंग्रेजों ने तीनों को फाँसी पर लटकाया, उससे ऊधम सिंह के अंदर पल रही बदले की भावना और मजबूत हो चुकी थी। ऊधम सिंह और भगत सिंह का संपर्क एक-दूसरे से लगातार बना रहा। पंजाब में जनमे क्रांतिकारियों में जब भी भगत सिंह का नाम लिया जाता है, तब ऊधम सिंह को भी याद किया जाता है।

28 सितंबर, 1907 को पंजाब के लायलपुर में जनमे भगत सिंह तब सिर्फ 12 साल के थे, जब जनरल डायर ने जलियाँवाला बाग में निहत्थे लोगों पर अंधाधुंध गोलियाँ चलवाई थीं। भगत सिंह को जब उस नर-संहार की खबर मिली तो उनसे रहा नहीं गया। उस कांड की खबर सुनते ही वह लाहौर से अमृतसर पहुँचे और जलियाँवाला बाग में

मारे गए सैकड़ों लोगों को नम आँखों से श्रद्धांजलि दी। उस कांड की याद हमेशा अपने दिमाग में ताजा रखने के लिए भगत सिंह ने खून से सनी मिट्टी को एक बोतल में रख लिया था। भगत सिंह इस बात को कभी नहीं भूले कि उन्हें इस हत्याकांड का बदला लेना है। यह इत्तफाक है कि जिस जलियाँवाला कांड ने ऊधम सिंह को क्रांतिकारी बनाया, उसी जलियाँवाला में शहीद भगत सिंह ने भी अंग्रेजों के जुल्म से देश को आजादी दिलाने की कसम खाई।

सरदार किशन सिंह संधू और माता विद्यावती के घर जनमे भगत सिंह को क्रांति से इतना लगाव था कि उन्होंने स्कूली पढ़ाई के दौरान यूरोपीय क्रांतिकारी आंदोलन का गहराई से अध्ययन किया। भगत सिंह में अंग्रेजों के खिलाफ लड़ने की भावना उनके दादा की देन बताई जाती है। उन्होंने अपने पोते का दाखिला सिर्फ इस वजह से लाहौर के खालसा स्कूल में नहीं कराया, क्योंकि उन्हें स्कूल के अफसरों की अंग्रेजों के प्रति स्वामीभक्ति से नफरत थी। सिर्फ 13 वर्ष की उम्र में भगत सिंह गांधीजी के अनुयायी बनकर उनके असहयोग आंदोलन में शामिल हो गए। उन्होंने अपनी स्कूली किताबों और ब्रिटेन से आए कपड़ों को खुलेआम जलाकर आंदोलन का साथ दिया। लेकिन चौरी-चौरा में पुलिसवालों की हत्या के बाद गांधीजी ने आंदोलन वापस ले लिया। गांधीजी के इस फैसले का विरोध करनेवालों में शहीद भगत सिंह भी शामिल थे। यही वजह थी कि भगत सिंह अंग्रेजों के खिलाफ सशस्त्र क्रांति के रास्ते पर चल पड़े। पंजाब में भगत सिंह समेत बाकी क्रांतिकारियों के एक-एक कदम की खबर ऊधम सिंह को रहती थी। ऊधम सिंह ने भगत सिंह की प्रतिभा और उनके क्रांतिकारी विचारों की वजह से उन्हें अपना गुरु मान लिया था। कुशाग्र बुद्धि और अध्ययनशील भगत सिंह ने लाहौर के नेशनल कॉलेज में दाखिला लिया; लेकिन घरवालों ने उनपर शादी कर लेने का दबाव बनाना शुरू कर दिया। भगत सिंह अपने

घरवालों से कह चुके थे कि उनकी शादी देश को आजादी दिलाने की प्रतिज्ञा से हो चुकी है। बसंती चोला ओढ़नेवालों के लिए पूरा देश एक परिवार है तथा उन्हें और किसी बंधन में न बाँधा जाए। मगर घरवाले जब नहीं माने तो भगत सिंह परिवार को छोड़ क्रांतिकारियों के साथ रहने लगे। इसी दौरान उन्होंने क्रांतिकारी संगठन 'नौजवान भारत सभा' की सदस्यता ले ली। बाद में 'हिंदुस्तान रिपब्लिकन एसोसिएशन' में शामिल हो गए, जिसमें रामप्रसाद बिस्मिल, चंद्रशेखर आजाद और अशफाक उल्ला खाँ जैसे क्रांतिकारी नेता थे। इधर देश में ये क्रांतिकारी अंग्रेजी शासन के खिलाफ एक के बाद एक हमले कर रहे थे, उधर ऊधम सिंह इनकी प्रेरणा से इंग्लैंड जाकर एक बड़ी क्रांतिकारी घटना को अंजाम देने की तैयारी कर रहे थे। ऊधम सिंह का इन क्रांतिकारियों से संपर्क बना रहता था।

सन् 1926 के अक्तूबर महीने में दशहरा के दिन लाहौर में बम विस्फोट हुआ। पुलिस ने भगत सिंह को गिरफ्तार कर लिया। लेकिन पाँच हफ्ते बाद वह 60,000 रुपए की जमानत पर जेल से छूट गए। भगत सिंह ने शिवराम राजगुरु, जय गोपाल और सुखदेव के साथ मिलकर लाला लाजपत राय के हत्यारे पुलिस अफसर स्कॉट की हत्या की योजना बनाई; मगर गलतफहमी की वजह से स्कॉट के बदले सांडर्स नाम का पुलिस अफसर मारा गया।

8 अप्रैल, 1929 को केंद्रीय असेंबली में भगत सिंह ने बटुकेश्वर दत्त के साथ मिलकर बम फेंका। बम फेंकने का मकसद किसी की जान लेना नहीं था, सिर्फ अंग्रेजों के खिलाफ भारतीयों को जगाना था। इसी वजह से बम फेंकने के बाद भगत सिंह ने 'इनकलाब जिंदाबाद' के नारे लगाए और भागने की बजाय खुद को गिरफ्तार करवाया। गिरफ्तारी के बाद भगत सिंह को लाहौर जेल में रखा गया। भगत सिंह के आदेश पर ऊधम सिंह अमेरिका से भारत लौटे थे। अमृतसर में ऊधम सिंह को

गिरफ्तार कर लाहौर जेल लाया गया था। भगत सिंह का ऊधम सिंह पर प्रभाव उनके पहनावे, सोच-विचार और क्रांतिकारीपूर्ण घटना को अंजाम देने के लिए जरूरी साहस के तौर पर साफ दिखता है। भगत सिंह ने सिख होते हुए भी अंग्रेजों को चकमा देने के लिए अपनी दाढ़ी मुँड़वाई और शर्ट-पैंट पहनते थे। सिर पर अंग्रेजों की तरह हैट भी पहनते थे। भगत सिंह के दो साथी थे—एक पिस्तौल और दूसरी पुस्तक। ऊधम सिंह ने हू-ब-हू अपने आपको भगत सिंह की तरह ही ढाला था। ऊधम सिंह भी कोट-पैंट पहनते थे। आगे चलकर जब लंदन के कैक्सटन हॉल में जिस दिन उन्होंने माइकल ओ डायर को मौत के घाट उतारा, उस दिन भी उनके पास एक पुस्तक थी और उस पुस्तक में पिस्तौल छिपाकर ऊधम सिंह हॉल में दाखिल हुए थे।

भगत सिंह के अलावा ऊधम सिंह 'हिंदुस्तान रिपब्लिकन एसोसिएशन' के क्रांतिकारियों से भी प्रभावित थे। पंजाब के अलावा बंगाल दूसरा ऐसा राज्य था, जहाँ क्रांतिकारी गतिविधियाँ चरम पर थीं। दरअसल इससे पहले तमाम क्रांतिकारी गांधीजी के असहयोग आंदोलन से जुड़े थे। लेकिन 4 फरवरी, 1922 को चौरी-चौरा की घटना के बाद अचानक गांधीजी ने असहयोग आंदोलन वापस ले लिया। क्रांतिकारी इस फैसले से सहमत नहीं थे। गांधीजी ने आंदोलन फिर से शुरू करने या आगे बढ़ाने पर भी कोई फैसला नहीं लिया। ऐसे में क्रांतिकारियों के पास सशस्त्र आंदोलन के सिवाय कोई रास्ता नहीं बचा था। बंगाल से लेकर पंजाब तक के क्रांतिकारी इस आंदोलन से जुड़ गए। सन् 1924 के अक्तूबर महीने में रामप्रसाद बिस्मिल, योगेश चटर्जी, चंद्रशेखर आजाद और शचींद्रनाथ सान्याल, जिनकी किताब 'बंदी जीवन' क्रांतिकारियों के लिए एक पाठ्य पुस्तक की तरह थी—इन सबकी मुलाकात कानपुर में हुई। यहीं 'हिंदुस्तान रिपब्लिकन एसोसिएशन' का गठन हुआ। क्रांतिकारियों ने अंग्रेजों की सत्ता को उखाड़ फेंकने और भारत पर भारतीयों

के शासन की स्थापना का निश्चय किया। देश के तमाम क्रांतिकारियों को इस बैठक के फैसलों से अवगत करा दिया गया। ऊधम सिंह उस वक्त अमेरिका में थे, मगर भारत में क्रांतिकारियों के फैसले की खबर अमेरिका पहुँचते देर नहीं लगी।

'हिंदुस्तान रिपब्लिकन एसोसिएशन' की सबसे चर्चित क्रांतिकारी योजना थी—काकोरी ट्रेन डकैती। 9 अगस्त, 1925 को दस क्रांतिकारियों ने 8 डाउन ट्रेन में जा रहे सरकारी खजाने को लखनऊ के करीब काकोरी स्टेशन पर लूट लिया। इस घटना से अंग्रेजी सरकार हिल गई। उसने क्रांतिकारियों के पीछे अपनी पूरी ताकत झोंक दी। कई नौजवान क्रांतिकारी गिरफ्तार कर लिये गए। उनमें से अशफाक उल्ला खाँ, रामप्रसाद बिस्मिल, रोशन सिंह और राजेंद्र लाहिड़ी को फाँसी की सजा दी गई। चार क्रांतिकारियों को उम्र कैद की सजा दी गई और उन्हें अंडमान भेज दिया गया। सत्रह अन्य क्रांतिकारियों को लंबी कैद की सजा सुनाई गई। इस घटना में शामिल चंद्रशेखर आजाद फरार थे। काकोरी कांड के बाद क्रांतिकारियों को जिस बेरहमी से फाँसी पर चढ़ाया गया और काले पानी की सजा दी गई, उससे ऊधम सिंह का खून खौल उठा था। उनके मन में बदले की भावना और भड़की।

काकोरी कांड में हुए नुकसान के बाद क्रांतिकारी खुद को फिर से एकजुट करने लगे। बिजॉय कुमार सिन्हा, शिव वर्मा और जयदेव कपूर ने यू.पी. में; भगत सिंह, भगवती चरण वोहरा और सुखदेव ने पंजाब में एक बार फिर 'हिंदुस्तान रिपब्लिकन एसोसिएशन' में जान फूँकने की कोशिश की। अब तक फरार चंद्रशेखर आजाद को एच.आर.ए. की कमान सौंपी गई। 9 और 10 सितंबर, 1928 को उत्तर भारत के सभी बड़े क्रांतिकारियों की गुप्त बैठक दिल्ली के फिरोजशाह कोटला किले में हुई। यहाँ क्रांतिकारियों ने साम्यवाद को अपना ध्येय बना लिया। अपने संगठन का नाम भी बदलकर 'हिंदुस्तान सोशलिस्ट रिपब्लिकन

एसोसिएशन' रख लिया।

30 अक्तूबर, 1928 को 'साइमन कमीशन' का विरोध कर रहे लाला लाजपत राय पर अंग्रेजों ने बेरहमी से लाठियाँ बरसाईं। लाला लाजपत राय गंभीर रूप से घायल हुए और उनकी मौत हो गई। इस घटना को क्रांतिकारियों ने सीधी चुनौती के तौर पर लिया। 17 सितंबर को इस मौत का बदला लेने के लिए भगत सिंह, चंद्रशेखर आजाद और राजगुरु ने लाहौर में सांडर्स की गोली मारकर हत्या कर दी।

अब तक क्रांतिकारियों का मकसद देश के सामने नहीं आया था। पहली बार केंद्रीय असेंबली में बम फेंकने की घटना के बाद क्रांतिकारियों ने अपना लक्ष्य पूरे देश को बताया। सुनवाई के दौरान क्रांतिकारियों ने जज को सीधे तौर पर कहा कि 'बम फेंककर हम किसी की हत्या नहीं करना चाहते थे। हमने यह बम ब्रिटिश सरकार पर फेंका है, ताकि ब्रिटेन की हुकूमत यहाँ से चली जाए और भारत को आजाद करे।' उन क्रांतिकारियों में अंग्रेजों का जरा भी खौफ नहीं था। कोर्ट में ही 'इनकलाब जिंदाबाद' और 'सरफरोशी की तमन्ना अब हमारे दिल में है' तथा 'मेरा रँग दे बसंती चोला' जैसे नारे और गीत सुनाई पड़ने लगे। ये गीत पूरे हिंदुस्तान में मशहूर हुए। क्रांतिकारियों के इन नारों अं।、गीतों ने भारत में हर युवक को भारत की आजादी के आंदोलन में कूदने की प्रेरणा दी। ऊधम सिंह को भी हिंदुस्तान में क्रांति की आग के भड़कने और धीरे-धीरे पूरे देश में फैलने की खबरें मिलती रहीं। पहले अमेरिका में, फिर भारत लौटने पर और लाहौर जेल में भगत सिंह, सुखदेव और राजगुरु की फाँसी ने ऊधम सिंह के दिल में भी अंग्रेजों को उखाड़ फेंकने के जज्बे को उफान पर ला दिया।

ऊधम सिंह के जज्बे को आज पूरा देश सलाम करता है। मगर उस वक्त क्रांतिकारियों में कितना साहस था, यह चंद्रशेखर आजाद की अंग्रेजों से आखिरी लड़ाई के किस्से से भी साफ हो जाता है। चंद्रशेखर

आजाद को उनकी अंतिम साँस तक अंग्रेज कभी पकड़ नहीं पाए। मगर 27 फरवरी, 1931 को एक मुखबिर ने उन्हें धोखा दे दिया। इलाहाबाद के अल्फ्रेड पार्क में एक अकेले चंद्रशेखर आजाद को मारने के लिए सैकड़ों ब्रिटिश फौजी और पुलिसवाले तैनात किए गए। पार्क को चारों तरफ से घेर लिया गया। कई घंटे तक चंद्रशेखर आजाद फौजियों और पुलिसवालों से अकेले लड़ते रहे और उनकी जंग तब तक जारी रही, जब तक कि उनकी आखिरी गोली खत्म नहीं हो गई। अंग्रेजों के हाथ आने की बजाय खुद को गोली से उड़ाने के लिए चंद्रशेखर आजाद ने उस आखिरी गोली का इस्तेमाल किया।

ऊधम सिंह के लिए मदनलाल ढींगरा से लेकर भगत सिंह और चंद्रशेखर आजाद की कुर्बानी की मिसाल थी। इन सबको याद करते हुए उनका इरादा पक्का हो गया। अमृतसर के मकान में इन क्रांतिकारियों की याद को ताजा करते हुए ऊधम सिंह ने अपनी अंतिम विदेश यात्रा की तैयारी शुरू कर दी। भारत माता का सपूत आखिरी बार अपनी माँ की गोद से जा रहा था। इंग्लैंड में ऐशो-आराम की जिंदगी जी रहे माइकल ओ डायर की उलटी गिनती शुरू हो चुकी थी। भारत के खिलाफ हर सभा में वह आग उगल रहा था। ऐसी ही एक सभा में उसकी मौत की तारीख तय हो गई थी। भारत में क्रांतिकारियों को अपने प्राण न्योछावर करते और फाँसी के फंदे को चूमकर झूलते हुए देखनेवाले ऊधम सिंह को मौत का नाम मात्र भी डर नहीं था। वह तो जलियाँवाला बाग के हत्यारों को सजा देकर खुद भी फाँसी के तख्ते पर लटकना चाहते थे, ताकि भारत माता को आजाद करा सकें और हजारों बेगुनाहों के कत्ल का बदला ले सकें।

□

ऊधम सिंह की विदेश यात्रा

सन् 1933 में ऊधम सिंह विदेश यात्रा के लिए तैयार थे। जर्मनी जानेवाले किसी भी जहाज में सवार होकर वह किसी सम्मानित हिंदुस्तानी की तरह रवाना हो सकते थे। ऊधम सिंह तैयारियों में जुटे थे कि दरवाजे पर दस्तक हुई। खिड़की से देखा तो कोई अनजान आदमी खड़ा था। ऊधम सिंह को शक हुआ कि हो न हो, यह शख्स सरकार का आदमी है। ऊधम सिंह ने दरवाजा नहीं खोला। कुछ देर तक सबकुछ शांत रहा। बाहर झाँककर देखा तो वह आदमी गायब था। ऊधम सिंह समझ गए कि उनकी हरकत पर जासूस हर पल नजर रख रहे हैं। अँधेरा ढलते ही ऊधम सिंह ने घर छोड़ दिया और सीधे कश्मीर का रुख किया। ऊधम सिंह जानते थे कि इस वक्त लाहौर में भी उन पर पुलिस की नजर होगी। कुछ दिन मामले को ठंडा पड़ जाने देना ही ठीक होगा। बाद में हुई ब्रिटिश पुलिस की जाँच से भी यह बात सामने आई कि ऊधम सिंह सन् 1934 की शुरुआत तक भारत में ही इधर-उधर घूम रहे थे।

दो दिन बाद ऊधम सिंह कश्मीर पहुँचे। अगले तीन महीने तक उन्होंने श्रीनगर में कपड़े की एक दुकान में काम किया। तीसरे महीने जैसे ही तनख्वाह मिली, वह चुपचाप लाहौर के लिए निकल पड़े। लाहौर से वे कराची पहुँचे और जर्मनी जानेवाले जहाज का इंतजार शुरू किया। एक हफ्ते बाद जर्मनी जानेवाला जहाज कराची में उनके सामने खड़ा था। ऊधम सिंह को सबसे बड़ा डर अंग्रेजी सरकार के जासूसों से था। उनपर कोई

इलजाम नहीं था, लेकिन झूठे मुकदमे में फँसाकर जेल में बंद करना अंग्रेजों के लिए कोई बड़ी बात नहीं थी।

जहाज के रवाना होने से सिर्फ आधे घंटे पहले ऊधम सिंह बंदरगाह पर पहुँचे। एक बार फिर उनकी वेशभूषा फ्रैंक ब्राजील की तरह अंग्रेजों जैसी थी। सिर पर टोपी, लंबा कोट और हाथ में अंग्रेजी अखबार। बंदरगाह पर उनके कागजात की जाँच हुई। सबकुछ सही था। ऊधम सिंह जहाज पर सवार हो गए। धीर-गंभीर बने वे जहाज के एकांत कोने में पहुँचे। टोपी के नीचे से उनकी तिरछी नजर अब भी चारों तरफ किसी खुफिया जासूस को ढूँढ़ रही थी। उन्हें इंतजार था कि जहाज का भोंपू बजे और हिलोरें मारता हुआ जहाज जर्मनी के लिए रवाना हो। ऊधम सिंह की नजरें अखबार पर थीं कि तभी जहाज का भोंपू बजा और लंगर उठा लिया गया। भारत माता के इस सपूत का रोम-रोम जैसे खुशी से झूम उठा। ऊधम सिंह को अर्जुन की तरह बस अपना लक्ष्य दिख रहा था। जैसे मन-ही-मन वह कह रहे हों , 'माइकल ओ डायर, अब अपनी खैर मनाओ!' जलियाँवाला की चीख का बदला तुम्हारे सीने को छलनी करनेवाली गोलियों की गूँज में सुनाई देगा।

समंदर को चीरता हुआ ऊधम सिंह का जहाज जर्मनी पहुँचा। ऊधम सिंह का मकसद जर्मनी पहुँचना नहीं था, वहाँ से ब्रिटेन जाने का रास्ता तलाशना था। ब्रिटेन का रास्ता बर्लिन से निकल सकता था। ऊधम सिंह ने बर्लिन का रुख किया। बर्लिन पहुँचकर ऊधम सिंह ने एक मोटर गैराज को अपना ठिकाना बनाया। यहाँ फौजी गाड़ियाँ बड़ी तादाद में मरम्मत के लिए आती थीं। ऊधम सिंह के लिए अब कोई भी काम नया नहीं रह गया था। ऊधम सिंह दिन-रात काम में जुटे रहते। वक्त तेजी से निकल रहा था। अब उनके पास कुछ पैसे भी इकट्ठा हो गए थे।

वर्ष 1934 के आखिर में उन्होंने जर्मनी से रूस जाने की इजाजत माँगी। आवेदन में उन्होंने लिखा कि भारत में उनकी खेल का सामान

बनाने की कंपनी है। कंपनी के लिए सप्लाई के ऑर्डर लेने उन्हें यूरोप के कई देशों से होते हुए भारत जाना है। ऊधम सिंह ने कहा कि वह जर्मनी से बेल्जियम और पोलैंड और फिर पोलैंड से रूस होते हुए कॉन्टेंटीनोपोल पहुँचेंगे, जहाँ से वह भारत के लिए जहाज पर सवार होंगे। ऊधम सिंह ने लिखा कि वह ये सफर एक मोटरसाइकिल से तय करेंगे। अधिकारियों को उनकी बात अटपटी लगी। लेकिन जब तक किसी को यह मालूम नहीं था कि ऊधम सिंह एक क्रांतिकारी हैं, तब तक शक की कोई गुंजाइश नहीं थी। ऊधम सिंह को इजाजत मिल गई।

ऊधम सिंह रूस पहुँच गए। रूस से भारत लौटने की बजाय उन्होंने इंग्लैंड जाने की इच्छा जताई। चूँकि यह बात उन्होंने अपने आवेदन में पहले नहीं लिखी थी, इसलिए उन्हें बताया गया कि उनका आवेदन लंदन भेजा जाएगा और फिर वहाँ से अनुमति मिलने पर ही वह इंग्लैंड जा सकेंगे। ऊधम सिंह ने अपना आवेदन वापस ले लिया। कुछ दिनों बाद आयरलैंड जाने की इजाजत माँगी। इस बार इजाजत मिल गई। ऊधम सिंह पहले आयरलैंड पहुँचे और फिर वहाँ से इंग्लैंड पहुँच गए।

इंग्लैंड प्रवास

यह साल था 1934। सिर्फ एक साल में अपनी मेहनत और चतुराई से ऊधम सिंह का इंग्लैंड आने का सपना साकार हो गया। ऊधम सिंह को हरिद्वारवाले बाबा की बात याद आई, जिन्होंने कहा था कि चौंतीस साल के होते ही ऊधम सिंह विदेश में, जहाँ जाना चाहते हैं, वहाँ पहुँच जाएँगे। ऊधम सिंह को एक बार लगा कि वह कोई बाबा नहीं, साक्षात् भगवान् थे, जो उन्हें उनका भविष्य बताकर चले गए।

ऊधम सिंह ने लंदन के 9 एल्डर स्ट्रीट कॉमर्शियल रोड पर एक छोटे से कमरे को अपना ठिकाना बनाया। किसी को शक न हो, इसलिए लंदन के एक इंजीनियरिंग कॉलेज में उदे सिंह के नाम से दाखिला ले लिया।

आम तौर पर वह रोजाना एक छात्र की तरह सुबह-सुबह निकल जाते थे। अकसर वह सीधा कॉलेज पहुँचते थे; लेकिन कॉलेज से निकलते ही उनका मकसद माइकल ओ डायर और लॉर्ड जेट लैंड की तलाश बन जाता था। उन दोनों को खत्म करने से पहले उनकी पूरी जानकारी इकट्ठा करना जरूरी था। वे दोनों ही इंग्लैंड की जानी-मानी हस्तियों में से एक थे।

लंदन में रहते हुए ऊधम सिंह ने अपनी जीविका चलाने के लिए फेरी का काम शुरू किया। एल्डर स्ट्रीट पर ज्यादातर फेरी लगानेवाले रहते थे। उनके साथ रहते-रहते ऊधम सिंह इस काम के बारे में काफी कुछ जान गए थे। कुछ महीने तक सड़क किनारे फेरी लगाने के बाद ऊधम सिंह ने एक कार खरीदी। छोटी सी कार से वह लंदन के आस-पास के शहरों में भी फेरी लगाया करते थे। उस दौरान वह माइकल ओ डायर तक पहुँचने का रास्ता भी तलाश रहे थे तथा लंदन और उसके आस-पास के इलाकों से खुद को वाकिफ करते जा रहे थे।

बाद में तैयार किए गए पुलिस रिकॉर्ड के मुताबिक ऊधम सिंह फेरी के लिए एक भारतीय की कंपनी से सामान खरीदते थे। वह कंपनी थी— सी.एल. नैयर ब्रदर्स जो 30, चर्च लेन, ईस्ट लंदन में थी। ऊधम सिंह हर शनिवार अपनी छोटी कार लेकर कंपनी पहुँचते और सामान भरकर अपने घर लौटते। रविवार को घूम-घूमकर वह कपड़े बेचा करते थे। मेहनती स्वभाव और विदेश यात्रा के अनुभव ने उन्हें पक्का व्यापारी बना दिया था। व्यापार से उनके पास पैसों की कमी नहीं थी।

इसी दौरान उन्होंने 6 चैंबरवाला एक रिवॉल्वर खरीदा। रिवॉल्वर के लिए अच्छी-खासी मात्रा में कारतूस भी खरीद लिये। ऊधम सिंह चाहते तो माइकल ओ डायर को कुछ ही दिनों के भीतर ढूँढ़कर मार गिराते, लेकिन उन्हें इसके लिए सही मौके की तलाश थी। माइकल ओ डायर की हत्या वह ऐसे दिन और मौके पर करना चाहते थे, जब उसकी मौत की खबर से पूरा ब्रिटिश साम्राज्य हिल जाए। पूरी दुनिया में यह बात

फैले कि भारत को आजाद नहीं किया तो क्रांति की आग ब्रिटेन को भी बरबाद कर देगी। दिन बीतते गए; कई महीने भी बीत गए। देखते-देखते दो साल निकल गए, लेकिन सही मौका हाथ नहीं आया।

ब्रिटेन में रहते हुए ऊधम सिंह ने भारत की आजादी के प्रचार के लिए यूरोपीय देशों की यात्रा की। 12 मई, 1936 को ऊधम सिंह ने अपने पासपोर्ट नंबर 52753 को लंदन में पेश किया और हॉलैंड, जर्मनी, पोलैंड, ऑस्ट्रिया, हंगरी व इटली जाने की इजाजत माँगी। आवेदन में जो पता लिखा था, वह था 4, ड्यूक स्ट्रीट, स्पीटल फील्ड्स। एक बार फिर ऊधम सिंह ने खेल के सामानों की सप्लाई के लिए ऑर्डर लेने की वजह बताई। ऊधम सिंह को इजाजत मिल गई।

16 मई को ऊधम सिंह लंदन से बर्लिन पहुँचे। बर्लिन में उन्होंने एक बार फिर पूर्वी यूरोप के देशों और सोवियत संघ जाने की इजाजत माँगी। इजाजत नहीं मिली, फिर भी वह सोवियत संघ के लिए रवाना हो गए। 25 जून, 1936 को वह लंदन वापस लौट आए। इस बार उन्होंने वेस्ट लंदन को अपना ठिकाना बनाया। जीविका चलाने के लिए उन्होंने कई छोटे-मोटे काम किए। वर्ष 1937 के दौरान उन्होंने ने एलेक्जेंडर कोर्डा के डेनहम स्थित स्टूडियो में फिल्मों में एक्सट्रा का रोल किया। कुछ और फिल्मों में भी छोटा-मोटा किरदार निभाया। किसी को शक न हो, इस वजह से वह हिंदुस्तानियों और सिखों से ज्यादा मेल-जोल नहीं रखते थे, लेकिन उनके अंदर का क्रांतिकारी उन्हें मौके-बेमौके अपने उग्र विचारों को बाहर लाने पर मजबूर कर देता था। जब भी मौका मिलता, वह इंग्लैंड में बसे हिंदुस्तानियों के बीच भारत से ब्रिटिश हुकूमत को खत्म करने का जज्बा पैदा करने की अपील करने से नहीं चूकते। इस दौरान उनका संपर्क एक बार फिर 'गदर पार्टी' के कुछ कार्यकर्ताओं से भी हुआ।

ब्रिटेन में समय-समय पर नागरिकता की जाँच-पड़ताल हुआ करती थी। वह एक सामान्य प्रक्रिया थी, लेकिन इसका पूरा रिकॉर्ड रखा जाता

था। ऐसे ही एक दिन 'राष्ट्रीय पंजीकरण दिवस' पर लोगों से फॉर्म भरवाए जा रहे थे। ऊधम सिंह ने भी फॉर्म लिया और भर दिया। फॉर्म में नाम भरने की जगह पर अपना नाम लिखा—आजाद सिंह। काम के सामने लिखा कारपेंटर, यानी बढ़ई। जन्म की तारीख लिखी 23 अक्तूबर, 1905। उस आवेदन में उनका पता दर्ज था—581, विमबोर्न रोड, बोर्नमाउथ।

कुछ इतिहासकारों का मानना है कि सन् 1905 की तारीख ऊधम सिंह ने एक ऐतिहासिक घटना के विरोध में लिखा था। दरअसल, जुलाई 1905 में भारत के वायसराय लॉर्ड कर्जन ने बंगाल का बँटवारा कर दिया था। उस बँटवारे में बंगाल को मुसलिम बहुल और हिंदु बहुल इलाकों में बाँट दिया गया था। भारत में इसका जबरदस्त विरोध हुआ था। इसे अंग्रेजों की 'फूट डालो और राज करो' की नीति माना गया था।

अंदर उमड़ रही क्रांतिकारी विचारधारा ने ऊधम सिंह को एक बार फिर सक्रिय बना दिया। उनका संपर्क तेजी से क्रांतिकारियों से बनना शुरू हो गया। वह अकसर उनसे मिलने का बहाना ढूँढ़ते थे। ऊधम सिंह की इस गतिविधि ने उनके लिए मुश्किलें खड़ी करनी शुरू कर दीं। सन् 1937 में उन्हें पुलिस शक की नजरों से देखने लगी। उनपर निगाह रखी जाने लगी। उन्हें जैसे ही इस बात का पता चला, वे सँभल गए। सन् 1938 में उन्होंने वही पुराना तरीका अपनाया। ऊधम सिंह ने जगह बदलने की सोची। इंग्लैंड में उन्होंने आवेदन दिया कि वह कुछ महीने की छुट्टियाँ बिताने यूरोप जाना चाहते हैं। उन्होंने बेल्जियम, इटली, नॉर्वे और स्वीडन जाने की इजाजत माँगी। इजाजत मिल गई और ऊधम सिंह बेल्जियम रवाना हो गए। तीन महीने तक इन देशों की यात्रा के बाद ऊधम सिंह पोलैंड पहुँचे। करीब पंद्रह दिन वहाँ बिताने के बाद वह रूस चले गए। इंग्लैंड लौटने के लिए वह सही मौके का इंतजार करने लगे।

19 फरवरी, 1938 को ऊधम सिंह लंदन वापस लौट आए। इस बार उन्होंने नौकरी करने का मन बनाया। उन्होंने ग्लूसेस्टरशायर के

आर.ए.एफ. स्टेशन में बढ़ई की नौकरी की। इस दौरान भारतीय समुदाय में उनकी अच्छी-खासी जान-पहचान बन गई थी। उनमें से कुछ ऐसे भी लोग थे, जो साउथंपटन और कोवेंट्री इलाकों में छोटा-मोटा काम किया करते थे। काम के साथ-साथ ऊधम सिंह का मन अब अपने दुश्मनों को ठिकाने लगाने के लिए व्यग्र हो उठा था। उन्हें पता था कि उनपर नजर रखी जाने लगी है। इससे पहले कि ब्रिटिश सरकार उन्हें जेल में डाल दे या फिर से वापस भारत भेज दे, उन्हें अपनी प्रतिज्ञा पूरी कर लेनी होगी।

ऊधम सिंह अभी सोच ही रहे थे कि उन्हें पुलिस ने एक झूठे केस में फँसा दिया। उन पर जबरन वसूली करने का आरोप लगा। पहली सुनवाई में कोर्ट इस आरोप से सहमत नहीं हुआ। अगली तारीख में केस खत्म भी हो गया। लेकिन इस दौरान उन्हें कोर्ट के चक्कर लगाने पड़े। उनका काफी पैसा खर्च हुआ। नौकरी भी चली गई। उन्हें हर महीने 17 रुपए बेरोजगारी भत्ते के तौर पर मिला करता था।

मजबूरन ऊधम सिंह को रहने के लिए एक गुरुद्वारे में शरण लेनी पड़ी। वह गुरुद्वारा गुरु सिंह सभा था, जो लंदन के बीचोबीच स्थित था। गुरुद्वारे में ऊधम सिंह की जान-पहचान पहले से थी। वहाँ के सचिव एक दिन क्रांतिकारियों पर बातचीत में ऊधम सिंह की जानकारी से बेहद प्रभावित हुए। उन्होंने कह दिया, जब तक जी चाहे, वह गुरुद्वारे में रह सकते हैं। सुबह उठकर वह काम पर निकल जाया करते थे। ऐसा कोई काम नहीं था, जो उन्हें न आता हो। अच्छे बढ़ई थे, पेंटिंग में भी उनका हाथ उतना ही सधा था। मोटर मेकैनिक ऐसे कि खराब मोटर हाथ लगाते ही चल पड़ती थी।

दिन भर ऐसे ही काम से ऊधम सिंह अच्छा-खासा कमा लेते थे। जब खर्च करने की बारी आती तो पीछे नहीं हटते थे। गरीबों को भूखा नहीं देख सकते थे। जहाँ कहीं कोई भूखा दिख जाता तो उसे खाना खिलाने से नहीं चूकते। कमाई जाहे जितनी भी हुई हो, उसे गरीबों पर लुटा देते थे। ऊधम सिंह की इस आदत की वजह से गुरुद्वारे में उन्हें अब सब लोग

जानने लगे। लोग उन्हें 'बाबाजी' कहकर पुकारने लगे। उन्हें ज्यादा दिन गुरुद्वारे में बिताना सही नहीं लगा। उन्हें अपने मिशन के लिए ऐसी जगह चाहिए थी, जहाँ काम को अंजाम देने के बाद किसी की बदनामी न हो, कोई बेवजह परेशान न हो। एक दिन उन्होंने गुरुद्वारा छोड़ दिया और वापस एल्डर स्ट्रीट पर लौट आए।

एक हफ्ते बाद ऊधम सिंह गुरुद्वारा पहुँचे। अंदर जाते ही उनकी मुलाकात गुरुद्वारे के सचिव शिव सिंह से हो गई। शिव सिंह ने उन्हें अपने कमरे में बुलाया। ऊधम सिंह समझ गए कि बात क्या है! शिव सिंह ने उनसे उनका हाल-चाल पूछा। वह इधर-उधर की बातें करने लगे। बीच में टोकते हुए शिव सिंह ने कहा, "तुम बातें बनाने के सिवाय भी कुछ कर सकते हो?" ऊधम सिंह ने कहा, "मुझे याद है, मुझे क्या करना है?" शिव सिंह बोले, "क्या खाक याद है? तुम्हारा दुश्मन अभी जिंदा है और तुम चैन से बैठे हो!" ऊधम सिंह उन्हें क्या बताते कि यही सोचकर वह एक हफ्ते से सोए नहीं हैं। शिव सिंह कुछ शांत हुए और फिर कहा, "जो कुछ करना है, जल्दी करो! तुम्हारा दुश्मन तुम्हारे नजदीक है।"

ऊधम सिंह वापस लौटे और उस दिन से माइकल ओ डायर के अंत की उलटी गिनती शुरू हो गई। ऊधम सिंह अब खुद को भारत माता का सच्चा सपूत और भगत सिंह का सच्चा साथी साबित करना चाहते थे। माइकल ओ डायर को मारकर वह अपनी मातृभूमि का कर्ज उतारना चाहते थे। उस दिन के बाद से उन्होंने माइकल ओ डायर पर एक-एक दिन नजर रखना शुरू कर दिया। माइकल ओ डायर के कार्यक्रमों का पता लगाना शुरू कर दिया। पहले उनकी कोशिश थी कि काश, ऐसा कोई मौका मिल जाए, जब लॉर्ड जेटलैंड, जो जलियाँवाला बाग कांड के दौरान भारत सरकार के सचिव रहे थे और माइकल ओ डायर किसी सभा में एक साथ मिल जाएँ! अगर ऐसा न हो तो माइकल ओ डायर को ही किसी बड़ी सभा में मार गिराया जाए।

□

डायर का वध

जलियाँवाला बाग में एक हजार से ज्यादा बेगुनाहों का हत्यारा माइकल ओ डायर जिंदा था। ऊधम सिंह ने माइकल ओ डायर और ब्रिगेडियर जनरल रेजिनॉल्ड डायर दोनों को ही मौत के घाट उतारने का संकल्प लिया था। रेजिनॉल्ड डायर लंदन आने के बाद बीमारी से मर गया। माइकल ओ डायर 75 साल का हो चुका था। उसमें अभी जान बाकी थी। वह अकसर सभाओं में हिंदुस्तानियों के खिलाफ जहर उगला करता था।

ऊधम सिंह की नजर में जलियाँवाला बाग में बेगुनाहों की लाश बिछाने का असली गुनहगार माइकल ओ डायर ही था। रेजिनॉल्ड डायर को वह सिर्फ एक कसाई मानते थे। उस कसाई को जलियाँवाला बाग का जल्लाद माइकल ओ डायर ने ही बनाया था। माइकल ओ डायर ने ही रेजिनॉल्ड डायर को अमृतसर का जिम्मा सौंपा था। माइकल ओ डायर ने ही रेजिनॉल्ड ओ डायर को नर-संहार के बाद बचाया था। यहाँ तक कि लंदन पहुँचने पर उसने रेजिनॉल्ड डायर का सम्मान भी किया था।

माइकल ओ डायर में हिंदुस्तानियों के खिलाफ नफरत बहुत पुरानी थी। उसकी परवरिश भी ऐसे परिवेश में हुई थी, जिसने उसे कठोर दिलवाला बना दिया था। आयरलैंड में जनमे माइकल के पिता कहने को तो जमींदार थे, लेकिन उनकी हैसियत एक किसान से ज्यादा नहीं थी। घर की हालत भी कुछ अच्छी नहीं थी। ऊपर से 14 भाई-बहन थे, जिनमें माइकल

छठा बेटा था। आयरलैंड में कायदे-कानून का कोई मतलब नहीं था। अकसर खेतों और लोगों के झगड़े में बंदूकें निकल जाया करती थीं। माइकल भी अकसर इन झगड़ों में शामिल रहा करता था। बस, एक बात उसमें अच्छी थी, वह पढ़ने में तेज था, इसलिए 1884 में सिविल सेवा की परीक्षा पास कर ली। सन् 1885 में माइकल ओ डायर भारत आए और पहली पोस्टिंग पंजाब के शाहपुर में हुई।

माइकल किसानों से कर वसूली में कोई रियायत नहीं बरतते थे। उनकी इसी सख्ती ने भारत के वायसराय लॉर्ड कर्जन की नजरों में उनकी छवि एक काबिल अफसर की बना दी। उनके बाद आनेवाले वायसराय को भी माइकल में एक सख्त प्रशासक नजर आया।

दिसंबर 1912 में जब लॉर्ड हार्डिंग ऑफ पेनशुर्ट भारत के वायसराय थे, तब माइकल ओ डायर को पंजाब का गवर्नर नियुक्त किया गया। मई 1913 में जब माइकल ने पंजाब का चार्ज लिया तब वायसराय ने उन्हें चेतावनी दी थी कि पंजाब को लेकर ब्रिटिश हुकूमत बहुत चिंतित है। पंजाब में चारों तरफ बगावत की आग भड़क रही है। अगर इससे सावधानी से निपटा नहीं गया तो यह आग बेकाबू हो सकती है। माइकल ओ डायर के लिए इशारा ही काफी था। उसने कमान सँभालते ही एक के बाद एक सख्त आदेश जारी करना शुरू कर दिया था।

जलियाँवाला बाग नर-संहार में भी माइकल ओ डायर की ही भूमिका अहम मानी जाती है। डॉ. सत्यपाल और डॉ. किचलू की धोखे से गिरफ्तारी के पीछे भी उसी का हाथ था। पूरी घटना को एक क्रम में देखा जाए तो लगता है जैसे माइकल ओ डायर के दिमाग में जलियाँवाला कांड का प्लान पहले से ही तैयार था। रेजिनॉल्ड डायर को घटना के तुरंत बाद बधाई देना, आखिरी दम तक डायर का समर्थन करते रहना—ये सवाल खड़े करता है कि माइकल ओ डायर ही जलियाँवाला का असली अभियुक्त तो नहीं था? इस बात पर ऊधम सिंह को पूरा यकीन था। ऊधम सिंह के

दिमाग में माइकल ओ डायर के लिए नफरत की एक वजह गुजराँवाला कसूर में विमानों से बम बरसाने की घटना भी थी। गुजराँवाला में विद्रोह को कुचलने के लिए माइकल ओ डायर ने ही विमानों से बम बरसाने का हुक्म दिया था। ऊधम सिंह यह कैसे भूल सकते थे कि माइकल ओ डायर के इस कुकृत्य की वजह से उन्हें अंग्रेजों को गुजराँवाला ले जाने का महापाप हुआ था! माइकल ओ डायर को कहीं से भी ढूँढ़कर मौत के घाट उतारने के लिए ही ऊधम सिंह लाखों कष्ट सहकर ब्रिटेन आए थे।

ब्रिटेन में पिछले सात साल में ऊधम सिंह को माइकल ओ डायर के पल-पल की खबर थी। अखबारों में वह माइकल ओ डायर के भारत के खिलाफ दिए बयानों को पढ़ते थे तो उनका खून खौल उठता था। इन सात सालों में ऐसे कई मौके आए, जब वह माइकल ओ डायर को आते-जाते गोली से उड़ा सकते थे। एक बार तो उनके मन में यह भी खयाल आया कि माइकल ओ डायर और लॉर्ड जैटलैंड को उनके घर में घुसकर मारा जाए। मगर यह खयाल ऊधम सिंह को कायराना लगा। वह सबके सामने माइकल को मारना चाहते थे।

इंग्लैंड आने के कुछ ही दिनों बाद एक और मौका उनके हाथ आया था। माइकल ओ डायर लंदन के एक कॉफी शॉप में मौजूद था। ऊधम सिंह अचानक उसी कॉफी शॉप में पहुँच गए। माइकल ओ डायर को देखकर ऊधम सिंह भौंचक्के रह गए। उनके मन में खयाल आया कि काश, मेरे हाथ में रिवॉल्वर होता तो इस वक्त डायर का काम तमाम कर देता! उन्होंने सोचा, यहाँ भी इसकी हत्या करना चोरों के जैसा काम होगा। मारना ही है तो इसे ऐसी जगह मारा जाए, जहाँ ज्यादा-से-ज्यादा अंग्रेज इसकी मौत अपनी आँखों से देख सकें। पूरी दुनिया में माइकल की मौत की खबर एक बड़ी घटना के तौर पर फैल जाए।

इंग्लैंड में माइकल ओ डायर की छवि एक सच्चे देशभक्त की थी। भारत से रिटायर होकर आने के बाद उसका स्वागत किसी हीरो की तरह

किया गया था। जलियाँवाला नर-संहार के अभियुक्त के लिए चंदा इकट्ठा किया गया। हजार से भी ज्यादा बेगुनाहों का खून बहानेवाले कातिल को 20,000 पौंड की राशि इनाम के तौर पर दी गई। इन बातों से ऊधम सिंह का खून खौल उठता था। अंग्रेजों को लगता था, हिंदुस्तान अपने कातिल को भूल गया है। किंतु जब तक ऊधम सिंह जैसा क्रांतिकारी जिंदा था, इस कैसे भुलाया जा सकता था!

ऊधम सिंह को अकसर पता चलता रहता था कि माइकल ओ डायर भारत में अंग्रेजी हुकूमत से जुड़ी संस्थाओं में भाषण दिया करता है। उन सभाओं में वह भारत के खिलाफ जमकर जहर उगलता है। उन्हें बस, किसी ऐसी सभा का इंतजार था, जहाँ माइकल ओ डायर और लॉर्ड जैटलैंड दोनों एक साथ मिल जाएँ। यह मौका जल्द ही मिल गया।

ऊधम सिंह का इंतजार खत्म हो गया था। लंदन के एक अखबार से उन्हें पता चला कि 13 मार्च, 1940 को लंदन के कैक्सटन हॉल में एक सेमिनार होनेवाला है। उस सेमिनार में माइकल ओ डायर और लॉर्ड जैटलैंड भाषण देने वाले हैं। वे दोनों 'रॉयल सेंट्रल एशियन सोसाइटी' और 'ईस्ट इंडिया एसोसिएशन सोसाइटी' द्वारा अफगानिस्तान के मुद्दे पर बोलने वाले थे। 'रॉयल सेंट्रल एशियन सोसाइटी' की स्थापना सन् 1901 में एडवर्ड सप्तम के द्वारा स्थापित की गई थी। वह एक स्वतंत्र संस्था थी, जिसका उद्देश्य एशियाई देशों के बारे में अधिकाधिक जानकारी जुटाना था। इसमें शामिल सदस्य ज्यादातर वे लोग थे, जो भारतीय सिविल सेवा और भारत में सेना की सेवा कर चुके थे। इसके अलावा, वैसे व्यक्ति इसके सदस्य बन सकते थे, जो संसद् के सदस्य हों, इतिहासकार, अर्थशास्त्री या भारत की जीवन-शैली के जानकार थे। इस संस्था का ब्रिटिश सरकार के लिए एक खास महत्त्व था। भारत समेत एशियाई देशों पर राज कर रही ब्रिटिश हुकूमत समय-समय पर उनके सुझावों के मुताबिक कायदे-कानून बनाती थी।

13 मार्च से दो हफ्ते पहले सभा की एक बैठक में मीटिंग की तारीख पक्की हो चुकी थी। मीटिंग के लिए परचे छपवाए गए, अखबारों में इश्तहार निकाले गए। मीटिंग की बात खुलेआम थी। इसमें भाषण देनेवाले वक्ताओं के नाम का ऐलान भी हो चुका था। इस मीटिंग में सर माइकल ओ डायर, जो पंजाब के पूर्व गवर्नर थे; लॉर्ड लैमिंगटन, जो बंबई के गवर्नर रह चुके थे; सी.डी. डेन, जो पंजाब के गवर्नर के उप-सचिव रह चुके थे और इनके अलावा लॉर्ड जैटलैंड, जो भारत सरकार के सचिव रह चुके थे— ये वह मुख्य चार वक्ता थे, जिन्हें समारोह में अपने विचार रखने थे।

मीटिंग में हिस्सा लेने के लिए टिकट लेना जरूरी था। हर टिकट की कीमत एक पौंड से कुछ ज्यादा रखी गई थी। यह कीमत अपने आप में ज्यादा थी और इस बात का सबूत भी थी कि कैक्सटन हॉल का महत्त्व कितना था और कैक्सटन हॉल में होनेवाली सभा कितनी अहम थी। 12 मार्च को जैसे ही ऊधम सिंह ने मीटिंग की खबर पढ़ी, उनकी आँखें चमक उठीं। उनके दोनों दुश्मन एक साथ, एक ही सभा में भाषण देने वाले थे। सन् 1919 के जलियाँवाला नर-संहार के बाद से 21 साल तक ऊधम सिंह का मन बेचैन था। उन्हें अब तक शांति नहीं मिली थी। उन्हें लगा भारत माता का जो कर्ज उनके ऊपर है, उसे वह सिर्फ 24 घंटे बाद उतार सकते हैं। इससे पहले कि कैक्सटन हॉल की टिकट खत्म हो, ऊधम सिंह अपनी सीट बुक कराने पहुँच गए। हॉल के बाहर टिकट लेने के बाद ऊधम सिंह ने अपनी नजर चारों तरफ दौड़ाई। ऊधम सिंह सोच रहे थे, जिस मंजिल की उन्हें बरसों से तलाश थी, वह उनके सामने आ ही गई। भगत सिंह से लेकर सुखदेव, राजगुरु, चंद्रशेखर आजाद समेत तमाम क्रांतिकारियों का कारनामा उन्हें याद आया। ऊधम सिंह के पास भारत माता के इन सपूतों के जैसा सम्मान हासिल करने का मौका था।

टिकट लेने के बाद ऊधम सिंह ने गुरु सिंह सभा का रुख किया। बाहर ही उनके कुछ दोस्त मिल गए। ऊधम सिंह ने कहा, ''आज तुम

लोगों के साथ खाना खाना चाहता हूँ। एकदम पंजाबी खाना। ऐसा खाना, जिसमें अपने पंजाब की खुशबू हो।''

दोस्तों ने सोचा, आज तक जिस ऊधम सिंह ने अपने कमाए पैसों से दूसरों का पेट भरा, उसने पहली बार किसी से कहा है कि वह उन्हें खाना खिलाए। दोस्तों के साथ ऊधम सिंह उनके घर के लिए निकल पड़े। बातचीत में उनसे दोस्तों ने पूछ लिया कि वह इतने खुश क्यों हैं? ऊधम सिंह ने कहा, ''कल 21 साल पुराना कर्ज उतरने वाला है। कल कुछ ऐसा होगा, जिसे पूरी दुनिया सदियों तक याद रखेगी...''

दोस्त जानते थे, ऊधम सिंह क्रांतिकारी है। कोई-न-कोई कारनामा जरूर होने वाला है। बस, उन्हें कब, कहाँ और कैसे यह कारनामा होगा, इस बारे में ऊधम सिंह ने कुछ नहीं बताया। रात का खाना खाने के बाद ऊधम सिंह अपने घर लौटे। रास्ते में उनकी नजर एक बार फिर उस पोस्टर पर पड़ी, जिसमें कैक्सटन में अगले दिन होनेवाली सभा में शामिल होने की अपील छपी थी। एक बार उनके सामने माइकल के भाषण देने और फिर गोलियों से छलनी होकर नीचे गिरने की तसवीर घूम गई। वह हजारों बेगुनाहों के कातिल को मरते देखने के लिए बेचैन थे।

उस रात ऊधम सिंह को गहरी नींद आई। अब तक ऐसी गहरी नींद वह कभी नहीं सोए थे। सुबह आँख खुली तो खुद को एकदम तरो-ताजा महसूस कर रहे थे। वह नहा-धोकर तैयार हुए और अब उन्हें अपने मिशन की तैयारी करनी थी। कैक्सटन हॉल में रिवॉल्वर ले जाने का इंतजाम करना था। इसके लिए उनके दिमाग में प्लान पहले से तैयार था। फेरी पर कपड़े बेच चुके ऊधम सिंह के लिए एक वकील का गाउन जुटाना भला कौन सा मुश्किल काम था! वकील का गाउन मौजूद था तो वकील साहब के पास मोटी किताब भी होनी चाहिए। ऊधम सिंह कानून की एक मोटी किताब भी लेकर आए थे। उस किताब के कुछ पन्नों के बाद उन्होंने रिवॉल्वर छिपाने के लिए काटकर एक खाका बनाया। उस खाली जगह

में अपने रिवॉल्वर को फिट करके देखा। रिवॉल्वर पूरी तरह फिट हो गया। किताब बंद होते ही किसी को यह शक नहीं हो सकता था कि इसमें मौत का सामान बंद है। रिवॉल्वर के हर चैंबर में गोली थी। छह गोलियाँ भरी हुई थीं।

तैयारी पूरी होते ही ऊधम सिंह कैक्सटन हॉल के लिए निकल पड़े। ऊपर से नीचे तक पूरे वकील लग रहे थे। ऊपर से गाउन था, अंदर चमकदार सूट और लाल रंग की टाई पहन रखी थी। ऊधम सिंह का रोबीला चेहरा शान से चमक रहा था। सीना गर्व से चौड़ा था। भारत माता की सौगंध उनके साथ थी।

ऊधम सिंह ठीक समय से कैक्सटन हॉल पहुँचे। कुछ देर बाद लोगों ने हॉल में प्रवेश करना शुरू किया। सभा में आए ज्यादातर लोग अंग्रेज थे। भारत, अफगानिस्तान समेत एशियाई देशों में अंग्रेजी हुकूमत के लिए अनेकानेक जुल्म और अत्याचार करनेवाले अफसर। सब एक-दूसरे से परिचित थे। उनकी आपस में बातचीत और बीच-बीच में लगनेवाले ठहाकों से हॉल गूँज उठता था। ऊधम सिंह का दिमाग शांत था। कुछ ही देर में सभा में भाषण देनेवाले वक्ता हॉल में दाखिल हुए। ऊधम सिंह की निगाहें माइकल ओ डायर को तलाश रही थीं। एक बार में ही उन्होंने माइकल ओ डायर को पहचान लिया।

माइकल ओ डायर मंच की बजाय पहली लाइन में लगी एक कुरसी पर बैठ गए। बाकी वक्ता भी वहीं बैठे। स्वागत भाषण के बाद एक-एक कर वक्ता मंच पर बैठते चले गए। ऊधम सिंह अपने सामने बैठे माइकल ओ डायर को अच्छी तरह देख सकते थे। दो कुरसियों बाद लॉर्ड जैटलैंड बैठे थे। एक घंटा निकल गया। तभी घोषणा हुई कि अब माइकल ओ. डायर बोलेंगे। ऊधम सिंह अब और सजग हो गए। माइकल ओ डायर ने शुरुआती भाषण के बाद अपना बखान करना शुरू किया। अंग्रेजी हुकूमत के सामने भारतीयों के द्वारा खड़ी की जा रही मुसीबतों पर बोलना शुरू

किया। बार-बार वह अंग्रेजी हुकूमत की अच्छाइयाँ गिनाते और यह अहसास दिलाते कि भारतीयों का भला इसी में है कि वह अंग्रेजी हुकूमत का साथ दें।

ऊधम सिंह का धैर्य अब खत्म हो रहा था। माइकल ओ डायर को उसके क़र्मों की सजा देने में वह कोई चूक करना नहीं चाहते थे। वह जानते थे, आज चूके तो यह मौका दोबारा नहीं मिलेगा। फौज में रह चुके ऊधम सिंह के लिए हथियार चलाने में हाथ काँपने की बात सोची भी नहीं जा सकती थी। निशाना भी उनका ऐसा सटीक था कि चिड़िया की आँख को भेद दें। इससे पहले कि माइकल ओ डायर अपना भाषण खत्म करता, ऊधम सिंह अपनी कुरसी से उठे और मंच के करीब आ गए। हॉल में कुरसियाँ भरी थीं और मंच के करीब तक कुछ लोग कुरसी कम पड़ जाने की वजह से खड़े थे। किसी को शक नहीं हुआ कि ऊधम सिंह मंच के करीब क्यों जा रहे हैं। जब फासला कुछ मीटर का रह गया तो ऊधम सिंह रुक गए।

माइकल ओ डायर अपने भाषण को खत्म ही करने वाले थे कि ऊधम सिंह ने किताब से रिवॉल्वर निकाल लिया। माइकल पर रिवॉल्वर ताना और दो गोलियाँ एक के बाद एक दाग दीं। गोलियाँ सीधे माइकल ओ डायर के सीने में लगीं। वह वहीं गिर पड़े। ऊधम सिंह ने बिजली की फुरती से अगली दो गोलियाँ लॉर्ड जैटलैंड पर दागीं। जैटलैंड पर भी निशाना ठीक लगा। अगली दो गोलियाँ भी ऊधम सिंह ने स्टेज की तरफ फायर कीं, जिनमें से एक गोली लुइस डेन को लगी। ऊधम सिंह ने दनादन छह गोलियाँ दाग दी थीं। हॉल में मौजूद एक डॉक्टर ने माइकल ओ डायर की जाँच की। उनकी मौत हो चुकी थी। अचानक हुई फायरिंग की घटना से पूरे हॉल में भगदड़ मच गई। सबने सोचा, कोई बहुत बड़ा धमाका हुआ है।

ऊधम सिंह ने भागने की कोई कोशिश नहीं की। वह भगत सिंह के शिष्य थे। ऊधम सिंह को हॉल में मौजूद एक पुराने ब्रिटिश फौजी ने पकड़

लिया। ऊधम सिंह के चेहरे पर न डर था, न दहशत थी। उनका चेहरा एकदम शांत था। उन्होंने कहा, ''मैंने डायर को मार दिया। अब न मुझे भागने की जरूरत है, न किसी और से डरने की।'' अब वह किसी भी सजा का सामना करने के लिए तैयार थे।

माइकल ओ डायर के घर पर उनकी मौत की खबर दी गई। उनकी पत्नी घर पर नहीं थीं। सुबह माइकल उनसे यह कहकर गए थे कि वह शाम तक लौट आएँगे। शाम को जलियाँवाला बाग के गुनाहगार की मौत की खबर उसके घर पहुँची।

ऊधम सिंह को पुलिस के हवाले कर दिया गया। कैक्सटन हॉल कांड की जाँच शुरू हो गई। मौके पर मौजूद लोगों के बयान दर्ज किए गए। जैटलैंड को अस्पताल में भरती कराया गया। उसके कंधे में गोली लगी थी, जिसे ऑपरेशन से निकाल दिया गया। लॉर्ड जैटलैंड बच गया और अपनी करतूत से एक बार फिर बाज नहीं आया। जैटलैंड ने आदेश दिया कि कैक्सटन हॉल कांड की खबर किसी स्थिति में भारत न पहुँचने पाए। उसने भारत के वायसराय को संदेश भिजवाया कि जब तक पुलिस की पूरी रिपोर्ट न आ जाए, इस खबर पर किसी को कोई जानकारी न दी जाए। भारत की प्रेस में इस खबर को छापने पर भी ..क लगा दी जाए।

जैटलैंड की लाख कोशिशों के बावजूद ऊधम सिंह का कारनामा दुनिया भर में जंगल के आग की तरह फैल गया। अगले ही दिन भारत में अखबारों में ऊधम सिंह के रिवॉल्वर से निकली एक-एक गोली का वर्णन किया गया। यूरोप के कुछ देशों, खासतौर पर जर्मनी, में ऊधम सिंह के काम को सही ठहराया गया। इसे ब्रिटेन के अत्याचारी शासन का नतीजा बताया गया। इंग्लैंड में अंग्रेजों और हिंदुस्तानियों में बराबर ऊधम सिंह की बहादुरी की चर्चा होने लगी। ब्रिटिश उपनिवेशों में यह घटना क्रांतिकारियों के लिए एक मिसाल बन गई।

लंदन पुलिस के इंस्पेक्टर ने मौके पर पहुँचते ही ऊधम सिंह को

की वजह से भारतीय प्रेस में कैक्सटन हॉल कांड को लेकर अलग-अलग प्रतिक्रिया थी। कांग्रेस के नियंत्रणवाले अंग्रेजी अखबारों में ऊधम सिंह की निंदा की जा रही थी। दूसरी तरफ 'अमृत बाजार पत्रिका' और 'न्यू स्टेट्समैन' जैसे अखबारों का नजरिया एकदम अलग था। 18 मार्च, 1940 के अंक में 'अमृत बाजार पत्रिका' ने लिखा—"ओ डायर का नाम पंजाब की कुछ ऐसी घटनाओं से जुड़ा था, जिसे हिंदुस्तान कभी नहीं भुला सकता।" 'न्यू स्टेट्समैन' ने लिखा—"ब्रिटेन के दकियानूस पूरी दो शताब्दी बीत जाने पर भी यह नहीं सोच पाए हैं कि आयरलैंड पर उन्हें किस प्रकार शासन करना चाहिए! यही बात भारत पर उनकी हुकूमत पर लागू होती है। क्या कभी इतिहासकार इस बात पर कोई टिप्पणी करेंगे कि नाजियों की वजह से नहीं, ब्रिटिश साम्राज्य का अंत अंग्रेजों की वजह से हुआ, जिन्होंने न जाने कितने अत्याचार किए!"

अखबार चाहे कुछ भी लिख रहे हों, पूरा देश एक ही बात सोच रहा था। देश का बच्चा-बच्चा यही कह रहा था कि ऊधम सिंह ने जो किया, वह एकदम ठीक था। हिंदुस्तानियों की यही सोच थी कि ऊधम सिंह का यह कदम अंग्रेजी राज से देश के आजादी दिलाने की दिशा में एक कारगर और अहम कदम है। कानपुर की एक जनसभा में किसी ने कहा, "देश पर जो जुल्म हुए, जितनी बेइज्जती की गई, उसका किसी एक ने तो बदला लिया।" वर्ष 1940 में द्वितीय विश्व युद्ध छिड़ गया था। ब्रिटेन यूरोप में अपने वजूद की लड़ाई लड़ रहा था। इस लड़ाई में उसे भारत का साथ चाहिए था। लेकिन ऊधम सिंह के कारनामे के बाद भारत में ब्रिटेन के खिलाफ लोगों का गुस्सा बढ़ रहा था। ब्रिटेन को हिंदुस्तान से हर 15 दिन पर एक रिपोर्ट भेजी जाती थी। उस रिपोर्ट में लिखा जाता था—'यह सच है कि हमें भी माइकल ओ डायर के लिए कोई सहानुभूति नहीं है; लेकिन डायर ने पंजाब के लोगों के सम्मान को जो ठेस पहुँचाई थी, उसे यहाँ के लोग भुला नहीं पाए हैं।' देश के बाकी

हिस्से से भी ऐसी ही रिपोर्ट आती थी। ऊधम सिंह का कारनामा देश के नौजवानों के लिए एक मिसाल बन गया था। अंग्रेजी राज के खिलाफ पूरा देश एक होने लगा था। कई इतिहासकार तो यहाँ तक मानते हैं कि दो साल बाद जब गांधीजी ने वर्ष 1942 में 'भारत छोड़ो आंदोलन' छेड़ा तो उस आंदोलन की जमीन भी ऊधम सिंह के उस कारनामे की वजह से ही तैयार हो चुकी थी। उस आंदोलन ने ही अंग्रेजों को 15 अगस्त, 1947 को भारत छोड़ने पर मजबूर कर दिया।

यह दुर्भाग्य ही था कि प्रेस को दिए एक बयान में महात्मा गांधी ने कैक्सटन हॉल में हुए गोलीकांड की निंदा की। गांधीजी ने कहा, "इस घटना ने मुझे अंदर तक आहत किया है। मैं इस कृत्य को एक सनकी की काररवाई मानता हूँ। मैं उम्मीद करता हूँ कि इससे राजनीतिक फैसलों पर कोई असर नहीं पड़ेगा।" एक हफ्ते बाद अपने अखबार 'हरिजन' में एक बार फिर गांधीजी ने लिखा—"माइकल ओ डायर से हमारे मतभेद थे; लेकिन इसका मतलब यह नहीं कि हम उनकी हत्या का शोक नहीं मनाएँगे। लॉर्ड जेटलैंड से हमें शिकायतें हैं। हम उनकी दमनकारी नीतियों के खिलाफ लड़ेंगे; लेकिन हमारे संघर्ष में कभी मलिनता और बदले की भावना नहीं आनी चाहिए। आरोपी (ऊधम सिंह) के दिमाग को बहादुरी के विचारों ने बहका दिया है।"

पं. जवाहरलाल नेहरू ने अपने अखबार 'नेशनल हेराल्ड' में लिखा—"हत्या पर खेद है, लेकिन तहे दिल से हम यह चाहते हैं कि इससे भारत के राजनीतिक भविष्य पर कोई बुरा असर न पड़े। हम अब अहिंसा के तेजी से फैलते विचारों से अनजान नहीं हैं। खासतौर पर नौजवानों में भी अहिंसात्मक आंदोलन की बात का असर हुआ है। भारत में जिस तरह के हालात हैं, उनपर तुरंत ध्यान दिया जाना चाहिए, ताकि इसे और बिगड़ने से रोका जा सके और हम सरकार को भी चेतावनी देना चाहते हैं कि गांधीजी का 'सविनय अवज्ञा आंदोलन' शुरू

करने से इनकार करना, जो एक मुँहमाँगा वरदान साबित हो सकता था, अब कहीं देश के नौजवानों को हताशा भरे ऐसे ही कदम उठाने पर मजबूर न कर दे।''

मार्च 1940 में भारतीय राष्ट्रीय कांग्रेस के नेता जवाहरलाल नेहरू ने ऊधम सिंह के कार्य को समझ से परे बताया था; लेकिन 22 साल बाद सन् 1962 में नेहरू अपने पुराने बयान से पलट गए। 'प्रताप' नाम के दैनिक में जवाहरलाल नेहरू ने लिखा—''मैं 'शहीद-ए-आजम' ऊधम सिंह को पूरे सम्मान के साथ सलाम करता हूँ, जिन्होंने हमारी आजादी की खातिर फाँसी के फंदे को चूम लिया था।''

ऊधम सिंह की बहादुरी को सलाम करनेवाला राष्ट्रीय महत्त्व का सिर्फ एक ही बड़ा नेता था। सुभाषचंद्र बोस अकेले ऐसे नेता थे, जिन्होंने ऊधम सिंह के क्रांतिकारी कदम को सही ठहराया था। नेताजी ने कहा था—''इस वक्त ब्रिटेन की हालत कमजोर है। इसका फायदा उठाया जाना चाहिए। अगर अभी काररवाई नहीं की तो बाद में ब्रिटेन से यह उम्मीद करना बेवकूफी होगी कि वह हमें युद्ध खत्म हो जाने के बाद आजाद कर देगा।'' यही वजह है कि गांधीजी के इनकार के बावजूद सुभाषचंद्र बोस ने कहा था कि लॉर्ड लिनलिथगो के खिलाफ देश भर में आंदोलन छेड़ना चाहिए। लॉर्ड लिनलिथगो ने भारत से पूछे बिना उसे विश्व युद्ध में शामिल कर लिया था। गांधीजी नहीं माने तो सुभाषचंद्र बोस ने खुद कलकत्ता में एक बड़ा विरोध-प्रदर्शन आयोजित किया। कुछ इतिहासकार मानते हैं कि इस उलझन भरे दौर में ऊधम सिंह के क्रांतिकारी कदम ने देश में नए सिरे से अंग्रेजों के खिलाफ व्याप्त गुस्से को भड़काने का काम किया।

पूरे देश में कांग्रेस नेताओं ने गांधीजी की तर्ज पर ऊधम सिंह की निंदा की। पंजाब में ऐसा नहीं था। पंजाब में कांग्रेस नेताओं ने विद्रोह कर दिया। पंजाब असेंबली में कांग्रेस पार्टी ने एक प्रस्ताव पारित करने

की कोशिश की। इस प्रस्ताव में कैक्सटन हॉल गोली कांड की निंदा करने और ऐसी घटनाओं को न दोहराने की अपील की गई। हद तो यह थी कि इस प्रस्ताव में माइकल ओ डायर की पत्नी से सहानुभूति जताने की भी बात रखी गई थी। जैसे ही प्रस्ताव आया, कांग्रेस पार्टी के नेता दीवान चमनलाल उठ खड़े हुए। पूरी असेंबली के सामने उन्होंने प्रस्ताव के खिलाफ वोट न देने का ऐलान कर दिया।

पंजाब कांग्रेस में भड़की विद्रोह की आग रामगढ़ पहुँच गई। अप्रैल 1940 में वहाँ अखिल भारतीय कांग्रेस कमेटी का वार्षिक सम्मेलन था। वहाँ 6 से 13 अप्रैल तक जलियाँवाला बाग नर-संहार की 21वीं बरसी पर शहीदों को याद किया जा रहा था। इसी दौरान बैठक में अचानक भारतीय राष्ट्रीय कांग्रेस के युवाओं ने नारेबाजी शुरू कर दी, 'ऊधम सिंह जिंदाबाद', 'ऊधम सिंह अमर रहें', और 'इनकलाब जिंदाबाद' के नारे कांग्रेस की बैठक में गूँजने लगे। ऊधम सिंह की देशभक्ति और उनके क्रांतिकारी जज्बे को सलाम किया गया। कांग्रेस में हड़कंप मच गया। गांधीजी से नेहरू तक हिल गए।

भारत सरकार की खुफिया एजेंसियों से भी रिपोर्ट मिल रही थी कि माइकल ओ डायर की हत्या ने भारत के लोगों को नींद से जगा दिया है। देश की आजादी के आंदोलन की आग को भड़का दिया है।

भारत की प्रेस में दो तरह की प्रतिक्रिया थी। देश में ऊधम सिंह की आलोचना हुई, लेकिन उनकी बहादुरी के किस्से दुनिया के बाकी देशों में खूब छपे। विदेशी अखबारों में उनके कारनामे को 'जलियाँवाला बाग नर-संहार' से जोड़कर बताया गया। ऐसी खबरें छपीं कि माइकल ओ डायर ने हजार लोगों को मारा। ऊधम सिंह ने तो सिर्फ एक हत्यारे को मारा है। माइकल ओ डायर को अपनी मौत का जिम्मेदार बताया गया। खबरों में छपा कि जलियाँवाला नर-संहार नहीं होता तो माइकल ओ डायर की जान भी नहीं जाती। लंदन में छपे अखबार भी ऊधम सिंह

की तारीफ में पीछे नहीं रहे। 'द टाइम्स ऑफ लंदन' ने उनके कदम को 'भारत के दबे-कुचले लोगों के सीने में जल रही आग से हुआ धमाका' करार दिया।

रोम से छपनेवाले 'बेरगेरेट' ने कैक्सटन हॉल में हुई घटना के एक-एक पल का वर्णन किया। अखबार ने विस्तार से बताया कि कैसे ऊधम सिंह ने हत्याकांड की तैयारी की! कैसे वह हॉल में दाखिल हुए! यहाँ तक कि एक-एक गोली चलने और माइकल ओ डायर के गिरकर मरने तक का वर्णन था। कुल मिलाकर इस अखबार ने ऊधम सिंह के कारनामे को एक साहसपूर्ण कदम बताया। बर्लिन से छपनेवाले एक अखबार ने इस घटना को 'द टॉर्च ऑफ इंडियन फ्रीडम' यानी 'भारतीय स्वतंत्रता की मशाल' कहा। जर्मनी के रेडियो पर लगातार कैक्सटन हॉल में ऊधम सिंह के कारनामे की खबरें आती रहीं। रेडियो में कहा गया कि ''हिंदुस्तानियों की याददाश्त हाथी के जैसी होती है और वे अपने दुश्मनों को कभी माफ नहीं करते। वे अपने दुश्मनों को 20 साल बाद भी ढूँढ़कर मार गिराते हैं।''

ब्रिटेन के एक अखबार 'द डेली मिरर' ने लिखा—''बीस वर्ष बाद प्रतिशोध! उसने माइकल को नहीं मारा... ? यह अमृतसर कांड का अंतिम अध्याय था। ये हत्या प्रतिशोध की कारवाई है। अमृतसर के लोग उस कांड को कभी भूल नहीं पाएँगे। माइकल ओ डायर उस घृणित कार्य के लिए जिम्मेदार थे। माइकल ने ही जनरल डायर को लोगों को मौत के घाट उतारने का काम सौंपा था। ओ डायर शायद बच भी जाते, लेकिन उस घटना के बाद भी वह अपने काम को सही ठहराते रहे।''

ब्रिटेन की मीडिया ने भी इस बात पर ज़ोर दिया कि जलियाँवाला बाग नर-संहार के बाद अगर सही कारवाई की गई होती तो एक हिंदुस्तानी को लंदन आकर इस घटना को अंजाम देने की जरूरत नहीं पड़ती। प्रेस के विचारों से अलग ब्रिटेन की सरकार लेफ्टिनेंट गवर्नर माइकल ओ डायर

को ब्रिटिश राज का सच्चा सिपाही मानती थी। ब्रिटेन के सरकारी दफ्तरों में झंडे झुका दिए गए। संसद् के दोनों सदनों में सर माइकल ओ डायर के लिए मौन रखा गया। हत्या के अगले दिन 14 मार्च, 1940 को मौन के बाद प्रधानमंत्री से सवाल पूछ गया। चेंबरलेन ब्रिटेन के प्रधानमंत्री थे। हत्याकांड पर चेंबरलेन बोलने के लिए उठे। उन्होंने प्रेस नोट से एक शब्द भी ज्यादा नहीं बोला। प्रेस नोट में हत्याकांड की घटना का वर्णन था। वही वर्णन उन्होंने फिर से संसद् के सामने किया।

चेंबरलेन ने कहा कि ''कैक्सटन हॉल में 'ईस्ट इंडिया एसोसिएशन' और 'रॉयल सेंट्रल एशियन सोसाइटी' ने अफगानिस्तान की मौजूदा चुनौती पर एक सभा का आयोजन किया था। उस सभा में ऊधम सिंह नाम के एक भारतीय ने गोली चलाई। गोली से माइकल ओ डायर की मौत हो गई। लॉर्ड जेटलैंड, लुइस डेन और लेमिंगटन घायल हुए। ऊधम सिंह को गिरफ्तार कर लिया गया है। उसके खिलाफ हत्या का केस दर्ज कर लिया गया है और उसे मजिस्ट्रेट के सामने पेश किया गया है। इसके सिवाय कुछ नहीं कहना है।'' यह कहते हुए चेंबरलेन बैठ गए।

□

ब्रिक्सटन जेल में ऊधम सिंह

14 मार्च को मजिस्ट्रेट के सामने पेशी के बाद ऊधम सिंह को ब्रिक्सटन जेल भेज दिया गया। उनके छोटे से कमरे में पत्थर की फर्श थी। कोने में सोने के लिए एक चारपाई पड़ी थी। वह उसी पर लेट गए और आँखें बंद कर सोचने लगे। ऊधम सिंह के दिल में जैसे कई बरसों की बेचैनी के बाद सुकून आया था।

दक्षिणी लंदन में स्थित जिस ब्रिक्सटन जेल में ऊधम सिंह को रखा गया था, उसका निर्माण सन् 1820 में हुआ था। उस जेल का संचालन ब्रिटेन की महारानी की देखरेख में होता था। तभी तो अपनी चिट्ठियों में ऊधम सिंह खुद को मजाक में 'ब्रिटेन की रानी का शाही मेहमान' कहा करते थे। जेल में आने के बाद उन्हें इस बात का अंदाजा था कि अंग्रेज उन्हें फाँसी की सजा ही देंगे। यही वजह थी कि उनकी चिट्ठियों में कहीं भी मायूसी या अफसोस की झलक नहीं थी। जेल से लिखी चिट्ठियों में उनके खुश होने का ही वर्णन है। जेल में समय काटने के लिए वह किताबें पढ़ा करते थे। उन किताबों को मँगवाने के लिए ही उन्होंने अपने दोस्तों और जानकारों को कई चिट्ठियाँ लिखीं। ऐसा भी माना जाता है कि उन चिट्ठियों में 'किताब' का मतलब कुछ और ही हुआ करता था।

अगले दिन 15 मार्च, 1940 को ऊधम सिंह ने गुरु सिंह सभा के

सचिव और अपने दोस्त शिव सिंह जोहल को एक चिट्ठी लिखी। चिट्ठी पर तारीख के साथ-साथ एक नंबर लिखा था 1010। वह ऊधम सिंह का कैदी नंबर था, जो उन्हें ब्रिक्सटन जेल में मिला था। ऊधम सिंह अब जेल के कैदी नंबर 1010 बन चुके थे। चिट्ठी में भेजनेवाले की जगह पर ऊधम सिंह ने अपना नाम 'एम. आजाद' लिखा था। आखिर में अपना पूरा नाम लिखा—मुहम्मद सिंह आजाद। ऊधम सिंह का असली नाम सबको पता था, फिर भी ऊधम सिंह ने अपना नाम मुहम्मद सिंह आजाद ही लिखा। शिव सिंह को लिखी चिट्ठी पर पता दर्ज था—श्री गुरु सिंह सभा, 79 सिनक्लेयर रोड, शेफर्ड्स बुश, लंदन, डब्ल्यू. 14। चिट्ठी में शिव सिंह का नाम कहीं नहीं था। ऊधम सिंह शिव सिंह को मुसीबत में डालना नहीं चाहते थे। वह जानते थे कि जेल से भेजी जानेवाली हर चिट्ठी अधिकारियों द्वारा पढ़ी जाती है। उनकी चिट्ठी भी पढ़ी जाएगी। इसलिए चिट्ठी की शुरुआत में ही उन्होंने लिखा—"मैं आपको नहीं जानता, पर मेरी आपसे एक विनती है, आप मुझे किताबें भेज दें।" उस चिट्ठी में उन्होंने उर्दू और गुरुमुखी में लिखी किताबें मँगवाई थीं। ऐसा कहा जाता है कि उन्होंने किताबों की बजाय किताब में रिवॉल्वर रखकर भेजने को कहा था। ये इशारा शिव सिंह सोहल समझ नहीं पाए।

15 मार्च को जेल में पहुँचने के कुछ ही घंटे बाद लंदन पुलिस के दो अधिकारी ऊधम सिंह से हत्याकांड की पूछताछ करने पहुँचे। काफी देर तक तो उन्होंने अपने अनेक नामों के बीच उलझाकर रखा। फिर 'स्वेन' नाम के पुलिस अधिकारी ने उन्हें वह रजिस्ट्रेशन कार्ड दिखाया, जो उन्होंने दो साल पहले भरा था। कार्ड के बाद स्वेन ने पासपोर्ट दिखाया। पासपोर्ट में 'ऊधम सिंह' लिखा था। स्वेन ने उनसे पूछा, "आपका नाम मुहम्मद सिंह आजाद भी है?" ऊधम सिंह ने कहा, "हाँ, है।"

पुलिस अधिकारियों ने जानना चाहा कि एक सिख ने अपना नाम

मुहम्मद क्यों रखा?

ऊधम सिंह ने कहा, ''जब सात-आठ साल का था तो इसलाम धर्म अच्छा लगा तो मोहम्मद नाम रख लिया।''

इसके बावजूद जब पुलिस अधिकारी पूछताछ में उन्हें 'ऊधम सिंह' के नाम से पुकारते तो वह क्रोधित हो उठते। इसी गुस्से में 16 मार्च को उन्होंने ब्रिक्सटन जेल से मिस्टर सैंड्स, जो पुलिस अधीक्षक थे, को एक चिट्ठी लिखी। चिट्ठी में उन्होंने जोर देकर कहा कि उनका नाम 'मोहम्मद सिंह आजाद' है—

''एक बात मैं आपको अच्छी तरह बता देना चाहता हूँ। आप मेरा नाम बदलने की कोशिश मत कीजिए। चाहे कुछ भी हो, मैंने आपको अपना नाम 'मोहम्मद सिंह आजाद' बता दिया तो यही नाम है मेरा। आप मुझे किस नाम से पुकारते हैं, मुझे परवाह नहीं। आपकी मरजी हो तो आप जहन्नुम में भी चले जाइए, पर आप मेरा नाम नहीं बदल सकते। आपके जो लोग मेरे पास आए थे, उन्हें भी बता दिया है और आपको भी बता देता हूँ।''

जेल से अपने दोस्तों को लिखी चिट्ठियों में कहीं भी ऐसा नहीं दिखता कि ऊधम सिंह दुःखी और परेशान हों। उनकी चिट्ठियों में उनका आत्मविश्वास, भरोसा और अकसर मजाकिया स्वभाव झलकता था। वह लिखते थे—''मेरा पुनर्जन्म होगा।'' वह जानते थे, उन्हें फाँसी पर चढ़ाया जाएगा, फिर भी वह लिखते थे कि इसका इंतजार तो वह कई बरसों से कर रहे थे। इसी सिलसिले में उन्होंने लिखा था कि वह इससे भी 'बेहतर महल' में जाने वाले हैं।

''यहाँ मेरे कई बॉडीगार्ड हैं। मैं किंग जॉर्ज का मेहमान हूँ।''

पहली चिट्ठी के तीन दिन बाद ऊधम सिंह के पास किताबें पहुँच गईं। वह किताबों को पढ़ने में लगे रहते थे। इसी दौरान एक दिन उनके पास एक पादरी आए। दरअसल, जेल की तरफ से हर कैदी के पास

थोड़ी देर के लिए एक पादरी आते थे। ऊधम सिंह उन्हें इज्जत से अपनी चारपाई पर बिठाते और उनकी बातें सुनते। कुछ ही देर में वह समझ गए कि पादरी उन्हें ईसाई धर्म अपनाने के लिए प्रेरित कर रहे हैं। पादरी रोज-रोज आने लगे और उन्हें घुमा-फिकर वही बातें समझाने लगे। ऊधम सिंह को ऊब होने लगी तो उन्होंने जेल के अधिकारियों को चिट्ठी लिखी। उन्होंने कहा कि अगर कैदियों के लिए पादरी की सेवा है तो मौलवी और सिख ग्रंथी क्यों नहीं आते? अगर वह जेल में नहीं आ सकते तो उन्हें ही गुरुद्वारा जाने की इजाजत दी जाए। ऊधम सिंह चाहते थे कि एक बार शिव सिंह से मुलाकात हो जाए तो वह अपना प्लान समझाकर रिवॉल्वर मँगवा लें और जेल से निकल सकें। इस घटना से वह एक और क्रांतिकारी कारनामे को अंजाम देना चाहते थे। ऊधम सिंह को यह भी अफसोस था कि लॉर्ड जेटलैंड उनकी गोली का शिकार होकर भी जिंदा बच गया। उन्होंने आश्चर्य से पूछा था, ‘‘सिर्फ एक मरा? लगता है, मैं थोड़ा सुस्त था! पर क्या करूँ, वहाँ कई औरतें सामने आ गई थीं न!’’

ऊधम सिंह जेल में इस घटना के बारे में सोच ही रहे थे कि तभी जेल के एक अफसर ने उन्हें बताया कि एक अंग्रेज महिला उनसे मिलने आई है। ऊधम सिंह को लगा, माइकल ओ डायर की पत्नी होगी। उन्होंने खुद को अंदर से शांत और शालीन बनाने का प्रयास किया। अपने अंदर का गुस्सा वह निकाल चुके थे। एक महिला से अच्छी तरह पेश आना चाहिए, यह सोचकर वह महिला से मिलने कक्ष तक पहुँचे। वह महिला माइकल ओ डायर की पत्नी नहीं थी। कैक्सटन हॉल में ऊधम सिंह के सामने आकर उनका रास्ता रोकनेवाली महिला थी। ऊधम सिंह को याद आया कि माइकल ओ डायर पर गोली दागने के बाद उन्होंने इस महिला को चीख-चीखकर कहा था कि वह उनके सामने से हट जाए। ऊधम सिंह किसी बेगुनाह की हत्या नहीं करना

चाहते थे। महिला यही सवाल लेकर उनके सामने खड़ी थी। उसने पूछा, "आप मुझे भी गोली मार सकते थे। आपने ऐसा क्यों नहीं किया?"

ऊधम सिंह ने कहा, "मैडम, हमारी भारतीय संस्कृति इसकी इजाजत नहीं देती। हम महिलाओं को चोट नहीं पहुँचा सकते। ये तो अंग्रेज हैं, जो बूढ़ों, बच्चों और महिलाओं के खून से अपने हाथ रँग लेते हैं।" उनकी बातें सुनकर महिला की आँखों में आँसू आ गए। उनके लिए सम्मान से उसका सिर झुक गया।

21 मार्च को ऊधम सिंह ने कैलिफोर्निया के ग्रंथी को चिट्ठी लिखी। कैलिफोर्निया के गुरुद्वारे के सचिव थे अजमेर सिंह। अजमेर सिंह 'गदर पार्टी' के सक्रिय कार्यकर्ता थे। उस चिट्ठी में उन्होंने लिखा था कि उनके पास वक्त बहुत कम है। उन्होंने कहा कि वह बहुत सी चीजें देख चुके हैं, जो कई लोग नहीं देख पाते। अब उनकी बस एक ही इच्छा है कि वह भारत की आजादी की खबर सुन सकें। उन्होंने उनसे पैसों की मदद भी माँगी थी। चिट्ठी मिलते ही अजमेर सिंह ने कृष्ण मेनन को संदेश भेजा। इस संदेश में कृष्ण मेनन से ऊधम सिंह को कानूनी मदद देने का अनुरोध किया। कृष्ण मेनन एक नामी वकील थे।

जब यह बात ऊधम सिंह को पता चली तो उन्होंने इटली में अपने दोस्तों को चिट्ठी लिखी। उन्होंने लिखा कि इंग्लैंड में लोग उनका विरोध कर रहे हैं। ऐसे लोगों को विरोध करने दिया जाए। ब्रिटेन की सरकार उन्हें फाँसी पर चढ़ाकर रहेगी। ऐसे में मुकदमा लड़ने के लिए जो चंदा इकट्ठा किया जा रहा है, वह जरूरी नहीं है। उन्होंने लिखा कि यह मुकदमा बेहद खर्चीला हो सकता है। उन्हें तो अपने देश पर प्राण न्योछावर करना ही था। फिर मुकदमे में पैसे बहाने की बजाय उसका सदुपयोग किया जाए। ऊधम सिंह चाहते थे कि उस पैसे से भारत में स्कूल खोले जाएँ या कुछ गरीब बच्चों की मदद की जाए।

30 मार्च, 1940 को ऊधम सिंह ने अपनी अगली चिट्ठी लिखी।

वह चिट्ठी भी गुरु सिंह सभा गुरुद्वारे के पते पर भेजी गई। बस, इस बार उन्होंने जिसे भेजा था, उसका नाम लिख दिया था। नाम था मिस्टर जाहल सिंह। वह इस बात से नाराज थे कि शिव सिंह ने उनकी पहली चिट्ठी का मतलब क्यों नहीं समझा। इस वजह से उन्हें 'जाहिल' कहने की बजाय ऊधम सिंह ने 'जाहल सिंह' कहा।

ऊधम सिंह को फाँसी के तख्ते का इंतजार था। उन्हें भगत सिंह की शहादत पर भी गर्व था। एक चिट्ठी में भगत सिंह की तरफ इशारा करते हुए उन्होंने लिखा—"मैं ही अपने देश का सैनिक नहीं हूँ। दस साल पहले मैंने जिन्हें देखा था, उन्हें अपनी मौत के बाद फिर से देख पाऊँगा।" चिट्ठी के अंत में उन्होंने एक बार फिर किताबें भेजने का आग्रह किया। इस बार प्रार्थना की किताब भेजने को कहा। इस प्रार्थना की किताब का मतलब कभी पता नहीं चल सका।

1 अप्रैल, 1940 को ऊधम सिंह के खिलाफ माइकल ओ डायर की हत्या का आरोप-पत्र दाखिल किया गया। इसके बावजूद उनके चेहरे पर शिकन नहीं थी। बस,उन्होंने सिर्फ एक बात का विरोध किया कि उन्हें 'मोहम्मद सिंह आजाद' के नाम से ही बुलाया जाए। एक चिट्ठी उन्होंने ब्रिटेन के प्रधानमंत्री चेंबरलेन को लिख । उस चिट्ठी में उन्होंने कहा कि उन्हें बार-बार 'ऊधम सिंह' के नाम से क्यों पुकारा जाता है, जबकि उनका असली नाम 'मोहम्मद सिंह आजाद' है?

ब्रिटेन के 'सेक्रेटरी ऑफ स्टेट' को शक हुआ कि कहीं भारत में इस बात को लेकर मुसलमान और हिंदुओं का विरोध एक साथ न शुरू हो जाए। यही वजह थी कि उसने भारत के वायसराय को एक चिट्ठी लिखी। चिट्ठी में साफ तौर पर लिखा गया था कि भारत में इस बात का प्रचार किया जाए कि ऊधम सिंह मुसलमान नहीं है। वह एक सिख है और उसने सिर्फ लोगों को गुमराह करने के लिए अपना नाम 'मोहम्मद सिंह आजाद' रखा है। ऐसी चिट्ठियों का भारत में कोई असर नहीं हुआ।

देश का रोम-रोम ऊधम सिंह के लिए दुआ माँग रहा था। उनके साथ खड़ा था। ब्रिटिश हुकूमत का काला चेहरा सबने देखा था। अब तो उन्हें ऊधम सिंह पर इस बात के लिए गर्व था कि उन्होंने अंग्रेजों को आईना दिखा दिया।

6 अप्रैल को ऊधम सिंह ने एक बार फिर किताबें मँगाने के लिए चिट्ठी लिखी। उस चिट्ठी में उन्होंने लिखा कि वह जेल में प्रसन्न हैं। उन्हें चावल और सब्जी का रस मिलता है। खाने के बाद वह भरपूर आराम करते हैं। बस, दिक्कत है तो किताबों की, जो उन्हें मिल नहीं रही हैं। बार-बार चिट्ठियों में किताबों का जिक्र आने से जेल अधिकारियों को शक हुआ। उन्हें पता चल गया कि ऊधम सिंह जेल से फरार होना चाहते हैं। ऊधम सिंह की चौकसी बढ़ा दी गई। कई सख्त आदेश दे दिए गए।

बिना पूरी जाँच-पड़ताल और पूछताछ के किसी को भी ऊधम सिंह से मिलने नहीं दिया जाता था। ऊधम सिंह की लिखी चिट्ठी और उन्हें मिलनेवाली चिट्ठी को पढ़ा जाता था। जिस चिट्ठी पर शक होता था, उसे उन्हें नहीं दिया जाता था या फिर आगे नहीं भेजा जाता था।

ऊधम सिंह से मिलनेवाले व्यक्ति पर भी खुफिया नजर रखी जाती थी। मिलने के बाद वह कहाँ जाता है, इसपर भी नजर रखी जाती थी। बातचीत के दौरान एक अधिकारी मौजूद रहता था। अधिकारी को पूरी बात समझ में आए, इसके लिए ऊधम सिंह को सख्त हिदायत थी कि वह अंग्रेजी में ही बात करे।

अंग्रेजों के इस रवैए को कुछ दिन तो ऊधम सिंह सहते रहे, लेकिन जब पानी सिर से ऊपर चला गया तो उन्होंने भूख हड़ताल शुरू कर दी। मई महीने में उन्होंने खाना छोड़ दिया। जेल का खाना उनके सामने रखा जाता, लेकिन वह अन्न को हाथ तक नहीं लगाते। उन्होंने उनपर लगाई गई बंदिशें हटाने की माँग की। उन्होंने कहा कि जब हर कैदी पर ऐसी

बंदिशें नहीं हैं तो सिर्फ उन पर रोक किस कानून के तहत लगाई गई है। उन्होंने कहा, "अगर फाँसी पर चढ़ाना है तो अभी चढ़ा दो, नहीं चढ़ाते तो मैं भूख हड़ताल से जान दे दूँगा। लेकिन मुझे किताबें चाहिए, मुझे एक कैदी के अधिकार चाहिए।" पहले तो जेल अधिकारियों ने ऊधम सिंह की जिद पर ध्यान नहीं दिया। उन्हें लगा। एक दिन वह भूख से खुद टूट जाएगा।

अंग्रेजों को लगा, शायद ऊधम सिंह किसी मानसिक रोग के शिकार हो गए हैं। उनकी देख-रेख के लिए एक मनोचिकित्सक की ड्यूटी लगाई गई। कुछ दिन तक उन पर नजर रखने के बाद डॉक्टर ने अपनी रिपोर्ट सौंपी। रिपोर्ट में डॉक्टर ने साफ तौर पर लिखा कि 'ऊधम सिंह पर हर पल नजर रखी गई। किसी भी लिहाज से उनके व्यवहार में कोई गड़बड़ी नजर नहीं आई। वह बिल्कुल स्वस्थ हैं। उन्हें कोई बीमारी नहीं है। पूछताछ से यह बात भी पता चली कि उनके परिवार में कभी किसी को कोई मानसिक बीमारी नहीं थी। ऊधम सिंह की राजनीतिक सोच में दम दिखता है।' डॉक्टर की रिपोर्ट में यह बात अंग्रेजों को परेशान करनेवाली थी।

ऊधम सिंह की भूख हड़ताल मई महीने में भी जारी रही। अंग्रेज परेशान हो गए। कोर्ट ने उनकी पूरी मेडिकल रिपोर्ट माँगी। एक सीनियर मेडिकल अफसर को जाँच का जिम्मा सौंपा गया। डॉक्टर ने अपनी रिपोर्ट में लिखा कि 'ऊधम सिंह ने खाने को कई दिनों से हाथ नहीं लगाया है। वह बेहद जिद्दी है, लेकिन किसी दिमागी बीमारी से पीड़ित नहीं है।'

एक-एक दिन बीतते चले गए। ऊधम सिंह की हड़ताल 42वें दिन पहुँच गई। उनकी हालत बिगड़ गई। उनकी जान चली जाती तो ब्रिटेन से हिंदुस्तान तक कोहराम मच जाता। आखिरकार उन्हें जबरन जेल के अस्पताल में भरती कराया गया। वह मुँह खोलने को तैयार नहीं थे। एक

मार्च, 1940 को वेस्टमिंस्टर के कैक्सटन हॉल में दुष्टतापूर्वक माइकल फ्रांसिस ओ डायर का कत्ल कर दिया।''

माइकल ओ डायर की हत्या से लेकर ऊधम सिंह की गिरफ्तारी और उनपर लगे आरोपों का एक एक ब्योरा मेट्रोपोलिटन पुलिस की रिपोर्ट में दर्ज है। उनके खिलाफ दर्ज रिपोर्ट का नंबर था—एमईपीओ 3/1743, जिसे संभागीय इंस्पेक्टर जॉन स्वेन ने तैयार किया था। स्वेन की रिपोर्ट हत्याकांड के दिन दोपहर 3 बजे से शुरू होती है—

13 मार्च, 1940, बुधवार को दोपहर 3 बजे 'ईस्ट इंडिया एसोसिएशन' ने 'रॉयल सेंट्रल एशियन सोसाइटी' के साथ कैक्सटन हॉल के ट्यूडर रूम में एक लेक्चर का आयोजन किया था। विषय था—'अफगानिस्तान : मौजूदा हालात'। पहला लेक्चर सर पर्सी सीक्स ने दिया। महोदय जेटलैंड, भारत सरकार के पूर्व सचिव, लॉर्ड लैमिंगटन, सर लुइस डेन और सर माइकल ओ डायर (मृतक) मौजूद थे।

मीटिंग 3 बजे शुरू हुई और करीब 4.30 बजे खत्म हो गई। टिकट लेकर लोग मीटिंग में शामिल हुए और करीब 150 लोग वहाँ आए थे। बैठने का इंतजाम 130 लोगों के लिए ही थी; लेकिन भीड़ ज्यादा हो जाने की वजह से किनारे भी लोग खड़े थे। मुजरिम ने भी उन लोगों के बीच ही पोजीशन ले ली थी। वह दाहिनी तरफ पहली कतार में बैठे लोगों के एकदम नजदीक खड़ा था।

जैसे ही मीटिंग खत्म होने वाली थी और लोग बाहर निकलने वाले थे, तभी मुजरिम ने उन सम्मानित सदस्यों पर, जो भाषण दे चुके थे, एक के बाद एक कई गोलियाँ दागीं। नतीजा यह हुआ कि सर माइकल ओ डायर इतनी बुरी तरह घायल हुए कि उनकी मौत हो गई। लॉर्ड लैमिंगटन को दाहिने हाथ में गोली लगी। महोदय जेटलैंड को शरीर के बाईं तरफ गोली लगी और सर लुइस डेन को दाहिने हाथ में गोली लगी। आखिर के तीन लोग ज्यादा गंभीर हालत में नहीं हैं; लेकिन सर

लुईस डेन, जिनकी उम्र 80 साल से ज्यादा है, उन्हें वेस्टमिंस्टर अस्पताल में रुकना पड़ा। उनका एक छोटा ऑपरेशन भी किया गया।

मुजरिम को फायर करते हुए कई लोगों ने देखा है और उनमें से चुने गए लोगों के बयान बाद में दर्ज किए जाएँगे। लेकिन जैसे ही फायरिंग शुरू हुई, वहाँ भगदड़ मच गई। मुजरिम को बाहर की तरफ भागने की कोशिश करते देखा गया। उसे बर्था हेरिंग नाम की महिला ने रोकने की कोशिश की। वह मुजरिम के सामने आकर खड़ी हो गई और उसे कंधों से पकड़ लिया। उस वक्त मिस्टर विनधान हैरी रिचेस आजाद पर झपटे और उसके कंधों को जकड़ते हुए जमीन पर गिरा दिया। नीचे गिरते ही उसके हाथ से रिवॉल्वर उसकी पकड़ से छूटा और दूर जा गिरा। रिवॉल्वर को फौरन मेजर रेजिनॉल्ड अल्फ्रेड स्ली ने उठाया और उसे सर पर्सी सीक्स के हवाले कर दिया। अब वह रिवॉल्वर पी.एस. 51 'ए' मैकविलियम के कब्जे में है।

इंस्पेक्टर रॉबर्ट विलियम स्टीवेंस, जो एक वकील भी हैं और मेट्रोपोलिटन स्पेशल कॉन्सटेबुलरी के अफसर हैं, वह उस वक्त बिल्डिंग में मौजूद थे, जब फायरिंग हुई। वहाँ स्पेशल कॉन्सटेबुलरी का दफ्तर भी है। उन्होंने धाँय-धाँय दागी गई छह गोलियों की आवाज सुनी और ट्यूडर रूम की तरफ दौड़े, जहाँ उन्होंने मुजरिम को पकड़ने में मदद की। उसे तब तक अपनी हिरासत में रखा, जब तक कि जॉन मैकविलियम मौके पर नहीं पहुँच गए।

मैकविलियम ने पहुँचने पर देखा कि ट्यूडर रूम के दरवाजे खुले थे और बड़ी तादाद में लोग वहाँ इकट्ठा थे। वहाँ जले हुए बारूद की तेज गंध आ रही थी। उन्होंने कमरे में नीले धुएँ का गुबार भी देखा। सार्जेंट ने मुजरिम की तलाशी ली। ओवरकोट की बाईं जेब में उन्हें लिनोलियम का एक चाकू मिला। दाहिनी तरफ के पॉकेट में उन्हें एक बॉक्स मिला, जिसमें रिवॉल्वर के 17 कारतूस रखे थे। पैंट की दाहिनी

जेब में उन्हें 8 खुदरा कारतूस भी मिले।

आजाद को तब दूसरे कमरे में ले जाया गया, जहाँ उसे डिटेक्टिव सार्जेंट सिडनी जोंस के हवाले कर दिया गया।

शाम 5.30 बजे मैं (जॉन स्वेन) कैक्सटन हॉल पहुँचा, जहाँ मैंने सर माइकल ओ डायर का शव देखा। मैंने वहाँ कुछ शुरुआती पूछताछ की।

ट्यूडर रूम में मौजूद लोगों के बयान दर्ज किए। यह वही कमरा था, जहाँ गोलियाँ चली थीं। मैंने ब्रिगेडियर जनरल सर पर्सी मोल्सवर्थ सीक्स (सेवानिवृत्त), जो 26 सेंट जॉर्ज कोर्ट, ग्लूसेस्टर रोड के निवासी हैं और जिन्होंने कैक्सटन हॉल में भाषण दिया था, का बयान लिया। सर पर्सी ने बताया कि लॉर्ड जेटलैंड ने लॉर्ड लैमिंगटन को मीटिंग खत्म करने का इशारा किया था। उस वक्त करीब 4.30 बज रहे थे। लॉर्ड लैमिंगटन अपनी जगह से उठे ही थे कि तभी दीवार के सहारे खड़े एक शख्स ने अंधाधुंध गोलियाँ चलानी शुरू कर दीं। सर पर्सी ने माइकल ओ डायर को जमीन पर गिरते हुए भी देखा। इसके फौरन बाद उन्होंने मिस्टर रिचेस को मुजरिम पर काबू करते हुए देखा। सर पर्सी ने तब रिवॉल्वर अपने कब्जे में लिया और उसे पुलिस इंस्पेक्टर स्टीवेंस के हवाले कर दिया।

मृतक के शरीर को वेस्टमिंस्टर के मुरदाघर ले जाया गया, जो हॉर्सफेरी रोड पर है।

उसी दिन शाम 8.50 बजे मैंने मुजरिम को कैक्सटन हॉल के एक कमरे में देखा। मैंने उसे अपना परिचय दिया और सूचना दी कि उसे कैनन रॉ पुलिस स्टेशन ले जाया जाएगा, जहाँ उसके खिलाफ सर माइकल ओ डायर के कत्ल का मुकदमा दर्ज होगा। मुजरिम ने कहा कि वह बताएगा कि कैसे उसने अपना विरोध दर्ज कराया है। उसे कैनन रॉ पुलिस स्टेशन ले जाया गया, जहाँ कानून से जुड़ी वैधानिक चेतावनी

दिए जाने के बाद उसका बयान दर्ज किया गया। उसने अपने बयान को पढ़ा और दस्तखत भी किए।

रात 10 बजे मुजरिम पर माइकल फ्रांसिस ओ डायर के कत्ल का आरोप दर्ज किया गया। उसपर लगाए गए आरोप उसके सामने पढ़े गए। उसका कहना था, ''मेरा मकसद किसी की हत्या करना नहीं था। मेरा मकसद सिर्फ विरोध दर्ज कराना था।''

जॉन स्वेन ने अपनी रिपोर्ट में ऊधम सिंह को केस की गहरी छानबीन के लिए डिटेक्टिव इंस्पेक्टर रिचर्ड डीटन को सौंपे जाने का भी जिक्र किया। उन्होंने लिखा है कि 'जब इंस्पेक्टर डीटन शाम 4.50 बेज ट्यूडर रूम में पहुँचे तो उन्होंने ऊधम सिंह को 'शांत और मुसकराते हुए' देखा। ऊधम सिंह ने माइकल ओ डायर की लाश को अपना मुँह घुमाकर दिखाया और कहा, 'सबकुछ हो चुका है। देखिए, वह वहाँ पड़ा है।'

डीटन की पूछताछ के बाद सार्जेंट जोंस ने ऊधम सिंह को एक अलग कमरे में ले जाकर तलाशी ली। वहाँ उसके पॉकेट से एक डायरी मिली। उस डायरी में बेहद अहम बातें लिखी गई थीं। 13 मार्च की तारीख वाले पन्ने पर दर्ज था—'3 बजे दोपहर, कैक्सटन हॉल, मीटिंग।' कुछ और बातें भी लिखी थीं—'ऐक्शन' 'दरवाजा खोलने का सिर्फ एक तरीका', 'मेरा आखिरी महीना', 'मैंने दुनिया देख ली है, अब मेरी एक ही अधूरी इच्छा है। मैं भारत को आजाद देखना चाहता हूँ।' डायरी में लॉर्ड वेलिंगडन, भारत के पूर्व वायसराय (1931-34) के घर का पता लिखा था। इसके अलावा जेटलैंड का पता भी दर्ज था।

जिस दिन माइकल ओ डायर की हत्या हुई, उसी दिन शाम 7 बजकर 20 मिनट पर ऊधम सिंह के कमरे की तलाशी ली गई। वह कमरा 8 मॉर्निंगट टिरेस, रिजेंट्स पार्क में था। डिटेक्टिव डीटन ऊधम सिंह से पूछताछ के बाद सीधे वहीं पहुँचे थे। उनके साथ स्पेशल ब्रांच

के डिटेक्टिव इंस्पेक्टर व्हाइट हेड भी थे। कमरे से एक और डायरी मिली। वह डायरी पिछले साल यानी 1939 की थी। उस डायरी में माइकल ओ डायर के साउथ डेवन का पता लिखा था। साफ है कि ऊधम सिंह ने अपने दुश्मनों की पूरी जानकारी जुटा ली थी।

ऊधम सिंह के कमरे की छानबीन के बाद सार्जेंट जोंस ने उन दस्तावेजों और सबूतों की लिस्ट तैयार की, जिन्हें इकट्ठा किया गया था। उनमें वह लिनोलियम चाकू भी था, जिसे उनकी जेब से बरामद किया गया था। चाकू के बारे में पूछने पर ऊधम सिंह ने लंदन की खराब कानून व्यवस्था का मजाक उड़ाया। वह बोले, ''मैंने वह चाकू इसलिए रखा, क्योंकि मैं कुछ रात पहले कैमडेन टाउन गया था।''

पुलिस को दिए बयान में ऊधम सिंह ने साफ कर दिया कि वह किसी सोसाइटी या समाज से ताल्लुक नहीं रखते। उन्होंने माइकल ओ डायर को सिर्फ इस वजह से मारा, क्योंकि उनके मन में नफरत थी। डीटन ने जब जुटाए गए सबूतों को उनके सामने रखना शुरू किया तो वे 4 कारतूस के खोखे भी रखे, जो उनके रिवॉल्वर से निकले थे।

ऊधम सिंह तुरंत बोल पड़े, ''नहीं, नहीं, सभी छह सामने रखिए।'' उन्होंने छह उँगलियाँ निकालीं और डीटन को दिखाईं। उनका कहना था कि उन्होंने छह गोलियाँ दागी हैं। पूछताछ में ऊधम सिंह ने सीना चौड़ा करते हुए कहा, ''मुझे परवाह नहीं कि मैं जिंदा रहूँगा या मरूँगा। वैसे भी मरने के लिए बुढ़ापे का इंतजार करना कोई अकलमंदी है क्या? मरना है तो जवानी में मरो, तब तो कोई बात है।'' यह बयान बीच-बीच में उनके अंदर से फूट रहे गुस्से के तौर पर सामने आ रहे थे। सार्जेंट जोंस ने ऊधम सिंह को ध्यान दिलाया कि उनके बयान उनके खिलाफ कोर्ट में सबूत बन जाएँगे। उन्होंने कहा, ''मैं अपने देश के लिए मरूँगा। इससे ज्यादा मुझे और क्या चाहिए।''

ऊधम सिंह को पूछताछ में जैसे ही ध्यान आया, उन्होंने पूछा,

''क्या जेटलैंड मारा गया? उसे मरना ही चाहिए था। मैंने उसके अंदर यहाँ दो गोलियाँ उतार दी थीं।'' उन्होंने अपना पेट दिखाते हुए कहा। कुछ देर बाद उन्होंने यह राज भी खोल दिया कि उन्हें रिवॉल्वर कहाँ से मिला था। रिवॉल्वर बर्नमाउथ में एक सैनिक से खरीदा गया था। उन्होंने बताया कि सैनिक ने ज्यादा पैसे नहीं लिये, क्योंकि उन्होंने उसे शराब पिलाकर ही खुश कर दिया था।

ऊधम सिंह ने अपने लंदन आने के हालात भी बताए। उन्होंने कहा कि ''मैं चार साल का था, तब मेरे माता-पिता दोनों दुनिया छोड़कर जा चुके थे। मेरे पास जितनी संपत्ति थी, सब बेच दी। जब मैं लंदन पहुँचा था तो मेरे पास 200 पौंड से ज्यादा पैसे बचे हुए थे।''

अब तक की पूछताछ में ऊधम सिंह अपना नाम 'मोहम्मद सिंह आजाद' बता रहे थे। पुलिस को अंदाजा था कि 'मोहम्मद' मुसलमान अपने नाम के साथ लगाते हैं और 'सिंह' सिख होते हैं। फिर एक ही आदमी मुसलमान और सिख के नाम कैसे रख सकता है? इसी गुत्थी को सुलझाने के लिए दोपहर 1 बजकर 15 मिनट पर जॉन स्वेन और चीफ इंस्पेक्टर रॉलिंग्स ब्रिक्सटन जेल पहुँचे थे। पुलिस इस बात को लेकर चिंतित थे कि कहीं ऊधम सिंह अपनी खलनायकी को अपने हीरो बनने के लिए इस्तेमाल न कर ले! सी.आई.डी. ने अपनी गुप्त रिपोर्ट में सरकार से माँग की थी कि अगर ऊधम सिंह ने जो कुछ कोर्ट में कहा, वह बाहर आ गया और अखबारों में छप गया तो मर्डर का यह केस हिंदुस्तान की आजादी की लड़ाई में क्रांतिकारी काररवाई की मिसाल बन जाएगा।

इस मुकदमे की काररवाई को गुप्त रखा गया। कोर्ट की काररवाई प्रेस में भी बस सूत्रों के हवाले से थोड़ी-बहुत बाहर आ पाती थी। पुलिस रिकॉर्ड से लेकर कोर्ट की काररवाई उस दौरान कभी सामने नहीं आई। कई वर्षों बाद पुलिस के रिकॉर्ड से बाहर आए दस्तावेजों की

वजह से ही ऊधम सिंह के खिलाफ पुलिस केस और गुप्त मुकदमे का वर्णन सामने आया।

ब्रिटेन की सरकार ने पूरी ताकत लगाकर ऊधम सिंह के खिलाफ हो रही काररवाई को गुप्त रखने की कोशिश की। दूसरी तरफ ऊधम सिंह बार-बार जोर देकर इस बात को साबित करना चाहते थे कि कैक्सटन हॉल में उन्होंने जो किया, उसके पीछे एक बड़ी राजनीतिक वजह है। वह हिंदुस्तान को आजाद देखना चाहते हैं और इसीलिए उन्होंने हत्याकांड को अंजाम दिया। उन्होंने अपना नाम 'राम मोहम्मद सिंह आजाद' भी इसी मकसद के लिए चुना। उनके दिल में हर धर्म के लिए एक समान इज्जत है और भारत की एकता व अखंडता की ताकत को ही वह अंग्रेजी हुकूमत के खिलाफ एक हथियार के तौर पर इस्तेमाल करना चाहते थे। ब्रिक्सटन जेल में भी वह इस बात पर अड़े रहे कि उन्हें 'राम मोहम्मद सिंह आजाद' के नाम से ही पुकारा जाए। इंस्पेक्टर स्वेन उनके इस तर्क को यह कह कर काट देते कि यह नाम तुमने रखा है। तुम्हारे माँ-बाप ने जो नाम रखा, जो नाम तुम्हारे पासपोर्ट पर दर्ज है, मैं तुम्हें उसी नाम से पुकारूँगा। इस बहस के अंत में ऊधम सिंह ने कहा कि मुझे इस बात से कोई फर्क नहीं पड़ता। आपकी जो मरजी हो कीजिए, मैं अपने आपको 'मोहम्मद सिंह' के नाम से ही पुकारूँगा। स्वेन और ऊधम सिंह के बीच हुई यह बहस जॉन स्वेन के 16 मार्च, 1940 की रिपोर्ट में भी दर्ज है।

इंस्पेक्टर स्वेन को दिए बयान में ऊधम सिंह ने कैक्सटन हॉल की घटना के पीछे की वजह का वर्णन किया। उन्होंने कहा, "उस रोज दोपहर की मीटिंग में मैं अपना विरोध दर्ज कराने पहुँचा था। इस विरोध के लिए ही मैं अपने घर से रिवॉल्वर साथ लाया था। आप अगर कहते हैं कि मैं वहाँ हत्या करने गया था तो यह आपका नजरिया है। मेरे लिए तो यह विरोध दर्ज कराने का तरीका था। जब मीटिंग खत्म ही होने

वाली थी, तब मैंने अपना विरोध प्रकट करने के लिए रिवॉल्वर निकाली। मैंने एक के बाद एक गोलियाँ दागीं। मैं चाहता तो यह गोलियाँ दीवार की तरफ भी दाग सकता था। सच कहूँ तो मेरा मकसद किसी की हत्या करना नहीं था। गोलियाँ दीवार पर भी चल सकती थीं, पर मेरा विरोध उस तरीके से दर्ज नहीं हो सकता था। जहाँ तक किसी के मरने की बात है, तो मैंने भी ब्रिटिश उपनिवेशवाद में लोगों को मरते देखा है—भूख से मरते देखा है, गोलियों से मरते देखा है। अत्याचार से मरते देखा है। क्या उनकी मौत के जिम्मेदारों को हत्या के जुर्म में बंद नहीं किया जाएगा? क्या कभी अंग्रेजों को फाँसी नहीं दी जाएगी? अगर आपका जवाब है 'नहीं', तो मुझे भी अपने किए पर कोई पछतावा नहीं है। मेरे रिवॉल्वर से गोलियाँ निकलीं और मेरा विरोध दर्ज हो गया। अब आप मुझे क्या सजा देंगे, मुझे इसकी परवाह नहीं। मुझे जो कहना था, वह मेरी गोलियों की गूँज ने कह दिया। अब आप मुझे उसके लिए दस साल की सजा दें, बीस साल की सजा दें, पचास साल की सजा दें या फिर आप मुझे फाँसी पर ही क्यों न लटका दें! मैंने अपना कर्तव्य निभा दिया है। मैंने अपना विरोध प्रकट कर दिया है।"

□

गुप्त मुकदमा

ऊधम सिंह के खिलाफ पुलिस ने मजबूत केस बनाया था। ऊधम सिंह ने भी कोई बात छुपाने की कोशिश नहीं की थी। उन्हें तो किसी भी सजा का डर ही नहीं था। 2 अप्रैल, 1940 को ओल्ड वेरी कोर्ट में मुकदमा शुरू हुआ। अदालत में जज थे सर सेरिल एटकिंसन। जी.वी. मैक्लूर सरकारी वकील थे, जो ऊधम सिंह को सजा दिलाने की पैरवी कर रहे थे। भारत से नामी वकील वी. कृष्ण मेनन उनके बचाव में पैरवी करने के लिए लंदन पहुँच चुके थे। उनके अलावा कोर्ट में इंग्लैंड के जाने-माने वकील सेंट जोंस हचिंसन भी ऊधम सिंह की पैरवी करने के लिए मौजूद थे। वह कुछ कहते, इससे पहले ऊधम सिंह ने कहा कि वह अपने केस की पैरवी खुद करना चाहतें हैं।

उन्होंने कहा कि उन्हें भारत से आए वकील मेनन पर पूरा भरोसा है। मेनन को उन्होंने अपने जैसा ही राष्ट्रवादी कहा। उन्होंने कहा कि ''मैंने जो कुछ किया है, उससे मेनन साहब भी सहमत हैं। लेकिन मैंने किसी को मारने के इरादे से गोली नहीं चलाई। मेरे खिलाफ झूठा केस बनाया जा रहा है। वैसा ही केस, जैसा भगत सिंह के खिलाफ बनाया गया था।''

आगे की पैरवी में कृष्ण मेनन और सेंट जोंस ने भी यही दलील दी। सेंट जोंस ने कहा कि ऊधम सिंह ने गोली किसी को मारने के लिए

नहीं चलाई थी। उसने दीवार की तरफ फायरिंग की, लेकिन भीड़ में धक्का-मुक्की की वजह से बंदूक की नली नीचे आ गई और माइकल ओ डायर को गोली लग गई। जज साहब से दरख्वास्त की गई कि ऊधम सिंह पर कोई भी फैसला सुनाने से पहले तमाम हालात को अच्छी तरह से समझ लिया जाए।

अदालत में चाहें कितनी भी दलीलें दी गईं, कृष्ण मेनन जानते थे कि ऊधम सिंह को फाँसी के फंदे से बचाना मुश्किल है। ऊधम सिंह बचना भी नहीं चाहते थे। उन्हें तो इस मुकदमे के जरिए दुनिया भर में भारत की आजादी की माँग को बुलंद करना था। यही वजह है कि जब कोर्ट में उनसे पूछा गया कि क्या वह भारत में अंग्रेजी राज का विरोध करते हैं, तो उन्होंने कहा, "हाँ।" "क्या आप अंग्रेजों की तरफ से विश्व युद्ध में भारतीयों के लड़ने को गलत समझते हैं।" तब भी ऊधम सिंह का जवाब था, 'हाँ।' अदालत में कैक्सटन हॉल के गवाहों को एक-एक कर पेश किया गया। सबने ऊधम सिंह के खिलाफ बयान दिए। अदालत में ऊधम सिंह का रिवॉल्वर, उनकी डायरी पेश की गई, पुलिस को दिया बयान पेश किया गया। इन तमाम सबूतों से साफ हो गया था कि उनका बचना नामुमकिन है।

अदालत में उनके खिलाफ चल रहे मुकदमे पर ब्रिटेन की ही नहीं, भारत समेत दुनिया भर के देशों की नजर थी। पुलिस ने केस की सुनवाई के दौरान सुरक्षा के सख्त इंतजाम कर रखे थे। कोर्ट में आनेवाले हर आदमी पर पुलिस की नजर थी। दो महीने तक चली सुनवाई के बाद अदालत ने फैसला सुनाने के लिए 5 जून, 1940 की तारीख तय कर दी। अदालत ने कहा कि इस बीच अगर कोई सबूत या गवाह सामने आता है तो उसे भी अगली सुनवाई में पेश किया जाए। मुजरिम के पक्ष में भी कोई बात सामने आती है तो उसे भी पेश किया जाए, ताकि अदालत से किसी बेगुनाह को सजा न मिल जाए।

5 जून को सुबह 10.30 बजे अदालत की काररवाई शुरू हुई। अदालत में जज और वकीलों के अलावा वे तमाम गवाह मौजूद थे, जिनके बयानों पर ऊधम सिंह पर फैसला सुनाया जाना था। सर पर्सी सीक्स, माइकल ओ डायर को मृत घोषित करनेवाला डॉक्टर, बंदूक की जाँच करनेवाला एक्सपर्ट, पुलिस के अधिकारी, ऊधम सिंह को काबू में करनेवाले डब्ल्यू.एच. रिच, मेजर रेजिनॉल्ड और मैडम वार्था होरी। ऊधम सिंह के वकीलों ने तर्क रखा कि भारत में ब्रिटिश सरकार के अत्याचारों ने उन्हें कैक्सटन हॉल में अपना विरोध प्रकट करने के लिए मजबूर किया। दोनों पक्षों की दलील सुनने के बाद जज एटकिंसन ने कहा कि अगर ऊधम सिंह को कुछ कहना है तो उन्हें एक आखिरी मौका दिया जाएगा। जज ने सुनवाई भोजन अवकाश के बाद करने का ऐलान किया और कुछ देर के लिए काररवाई रुक गई।

भोजन अवकाश के बाद काररवाई फिर से शुरू हुई। जज एटकिंसन ने फैसला सुनाने से पहले कहा कि वह पूरे केस को संक्षेप में बताना चाहते हैं। करीब आधे घंटे तक वह वही कहानी दोहराते रहे, जो अब तक ऊधम सिंह कई बार सुनवाई के दौरान सुन चुके थे। ऊधम सिंह को इंतजार था तो इस बात का कि जज उन्हें अपनी बात कहने का मौका कब देते हैं। जज एटकिंसन ने अपनी बात खत्म करते हुए कहा कि हत्या की नीयत को साबित करना जरूरी नहीं। इतना साफ है कि जो नुकसान हुआ, वह जान-बूझकर किया गया। यह अकस्मात् हुई घटना नहीं थी, जरा सी भी नहीं। ऊधम सिंह बैठक में हथियार से लैस पहुँचे थे। उनके मन में जो गुस्सा था, यह बात तो वह खुद ही कुबूल कर चुके हैं। ऊधम सिंह भारत में ब्रिटिश शासन को नफरत की दृष्टि से देखते हैं। जज ने अमृतसर के जलियाँवाला बाग हत्याकांड का भी जिक्र किया और इस बात पर जोर दिया कि जेटलैंड को दूसरा निशाना सिर्फ इस वजह से बनाया गया, क्योंकि वह भारत के राजनीतिक मामलों से जुड़े थे।

आखिर में जज ने फैसला सुना दिया। जज ने कहा, ''ज्यूरी ने ऊधम सिंह को माइकल ओ डायर की हत्या का दोषी पाया है।''

जज के चुप होते ही कोर्ट के क्लर्क ने ऊधम सिंह की तरफ देखते हुए कहा, ''कोर्ट ने आपको हत्या का दोषी मान लिया है और अब आपको कोर्ट के सामने सिर्फ यह सफाई देनी है कि आपको कानून के तहत फाँसी की सजा क्यों न दे दी जाए?''

इससे पहले कि जज एटकिंसन सजा का ऐलान करते, उन्होंने ऊधम सिंह से पूछा, ''क्या तुम्हें कुछ कहना है?''

इतना सुनते ही ऊधम सिंह कोर्ट में एक कागज लहराने लगे। उन्होंने कहा कि उन्हें एक बयान देना है। पेपर पढ़ने के लिए उन्होंने अपना चश्मा लगाया और बयान देना शुरू कर दिया। जज की तरफ घूमते हुए वह बोले, ''मैं कहता हूँ, ब्रिटिश उपनिवेशवाद का पतन हो। आप कहते हैं, हिंदुस्तान में शांति नहीं है, हमारे यहाँ सिर्फ गुलामी है। आप जिसे अपनी सभ्यता कहते हैं, उसने हमें मानव जाति के लिए जो कुछ कूड़ा-कचरा और बेकार हो सकता है, वह सब दिया है। आपको यह समझने के लिए और कुछ नहीं करना, सिर्फ अपना इतिहास पढ़ लीजिए, सब समझ आ जाएगा। अगर आप लोगों में जरा सी भी शर्म है तो चुल्लू भर पानी में डूबकर मर जाइए। आप लोग, जो खुद को तथाकथित बुद्धिजीवी कहते हैं, ने जिस बर्बरता और रक्त-पिपासुओं की तरह हमारे लोगों से व्यवहार किया है, उससे एक बात तय है कि आप लोगों का खून गंदा है, बहुत गंदा है।''

जज एटकिंसन उनकी बातें सुनकर हैरान रह गए। कोर्ट में खलबली मच गई। ऊधम सिंह को टोकते हुए उन्होंने कहा, ''बस, बहुत हुआ। मुझे तुम्हारा राजनीतिक भाषण नहीं सुनना।''

ऊधम सिंह बोले, ''जज साहब, आपने ही तो मुझे बोलने को कहा था।''

जज एटकिंसन ने कहा, ''ठीक है, लेकिन इस केस से जुड़ी कोई बात है तो बोलो। मुझे यह सब नहीं सुनना।''

ऊधम सिंह बोले, ''मैं यह सब इसलिए कह रहा हूँ, क्योंकि यही मेरा केस है। मैं इसी का विरोध करने गया था। यहाँ भी मैं वही विरोध प्रकट कर रहा हूँ।'' जज के सामने कागज लहराते हुए वह तेज आवाज में अपनी बात कहते रहे।

जज ने पूछा, ''क्या ये अंग्रेजी में लिखा है?''

ऊधम सिंह ने कहा, ''हाँ।''

''तो फिर अच्छा होगा कि इसे तुम मुझे दे दो, मैं इसे अच्छी तरह समझ सकता हूँ।'' जज एटकिंसन ने कहा।

ऊधम सिंह ने कहा, ''यह मैं अपने लिए लेकर आया था, आपके लिए नहीं।''

जज ने कहा, ''मुझे तुम्हारी बातें समझ नहीं आ रहीं कि तुम क्या कहना चाहते हो?''

ऊधम सिंह ने कहा, ''आप मुझे इसे पढ़ने दीजिए, आपको सब समझ आ जाएगा। आप बताइए, आप मुझे यह पढ़ने देना चाहते हैं या नहीं?''

एटकिंसन ने कहा, ''मैं चाहता हूँ कि तुम मुझे यह कागज दे दो, मैं पढ़कर सुना दूँगा।'' ऊधम सिंह ने कहा, ''मैं चाहता हूँ कि पूरी ज्यूरी यह जोर-जोर से पढ़े और यहाँ बैठे लोग अच्छी तरह सुन सकें।''

इसी बीच सरकारी वकील मैक्लूर ने जज से कहा कि आपातकालीन शक्तियों के कानून की धारा 6 के तहत ऊधम सिंह के भाषण को प्रेस में छापा नहीं जा सकता या फिर इसकी सुनवाई कमरे में नहीं हो सकती।

जज एटकिंसन ने ऊधम सिंह से कहा, ''सुन रहे हो, तुम जो कुछ कह रहे हो, वह अखबारों में नहीं छपने वाला।''

ऊधम सिंह गुस्से से तमतमा रहे थे।

एटकिंसन ने कहा, ''तुम सिर्फ मुद्दे की ही बात कर सकते हो।''

ऊधम सिंह का गुस्सा बढ़ता जा रहा था। शिकायत के अंदाज में उन्होंने कहा, ''मैंने ये विरोध के तहत किया और यही मेरा मतलब था। मैं उस बात को विस्तार से बताना चाहता हूँ। क्या अब मैं इसे पढ़ सकता हूँ?''

एटकिंसन ने जवाब दिया, ''हाँ।''

''तुम्हें सिर्फ यह कहने का अधिकार है कि आखिर क्यों न तुम्हें फाँसी की सजा दे दी जाए? तुम्हें कोई राजनीतिक भाषण देने का अधिकार नहीं है।''

यह जज एटकिंसन की यह बात सुनते ही ऊधम सिंह का गुस्सा फट पड़ा।

ऊधम सिंह चीखते हुए बोले, ''मुझे सजा-ए-मौत की परवाह नहीं है। ये मेरे लिए कोई मतलब नहीं रखती। मैं मरूँगा या क्या करूँगा, मेरी बला से।'' कठघरे को जोर से थपथपाते हुए ऊधम सिंह ने कहा, ''हम ब्रिटिश साम्राज्य की वजह से हर दिन सताए जा रहे हैं।'' कुछ देर बाद थोड़ा शांत होने के बाद ऊधम सिंह ने कहा, ''मैं मरने से नहीं डरता। मैं मरना तो गर्व की बात समझता हूँ। मैं अपनी मातृभूमि के लिए कुछ करना चाहता हूँ और उम्मीद करता हूँ कि मेरी मौत के बाद मेरे देश में गंदे कुत्तों को भगाने के लिए मेरे और साथी आगे आएँगे। मैं अंग्रेजों के कोर्ट में उनके न्यायाधीशों के सामने खड़ा हूँ। तुम लोग भारत जाते हो और जब वापस आते हो तो तुम्हें पुरस्कृत किया जाता है और 'हाउस ऑफ कॉमन्स' में जगह दी जाती है; लेकिन जब हम इंग्लैंड आते हैं तो हमें मौत मिलती है। जहाँ तक मेरी बात है, मैं इसकी परवाह नहीं करता; लेकिन तुम गंदे कुत्तो, जब हिंदुस्तान आते हो, अपने आपको बौद्धिक शासक कहते हो; जबकि हकीकत में तुमसे ज्यादा नीच मैंने कहीं देखा नहीं। अपनी मशीनगन को भारत की गलियों में भारतीय

शहादत

जलियाँवाला बाग हत्याकांड के दोषी अंग्रेज अधिकारी माइकल ओ डायर को 13 मार्च, 1940 को लंदन के कैक्स्टन हॉल में मारने के बाद ऊधम सिंह को ब्रिक्स्टन जेल में बंद किया गया था। वहीं से ऊधम सिंह को फैसले के लिए कोर्ट ले जाया गया। जज एटकिंसन ने ऊधम सिंह को मौत की सजा दी। सजा सुनते ही ऊधम सिंह का गुस्सा भड़क उठा था। मगर जज ने उसे नजरअंदाज करते हुए सजा का ऐलान करते ही कोर्ट की काररवाई खत्म कर दी। गुस्से से काँप रहे ऊधम सिंह को सिपाहियों ने कठघरे से नीचे आने को कहा। ऊधम सिंह अब शांत हो चुके थे। उनका गुस्सा बाहर आ चुका था। आज तक किसी अंग्रेज जज ने एक हिंदुस्तानी की इतनी बातें शायद ही कभी सुनी होंगी। ऊधम सिंह को वापस ब्रिक्सटन जेल लाया गया। उन्हें फाँसी के फंदे से बचने का एक मौका दिया गया। हालाँकि यह मौका भी एक नाटक से कम नहीं था। ऊधम सिंह 'कोर्ट ऑफ क्रिमिनल' अपील में फाँसी की सजा को चुनौती दे सकते थे। उसकी सुनवाई की तारीख 15 जुलाई, 1940 तय की गई।

ऊधम सिंह को इस तारीख से पहले ही अपने फाँसी की तारीख का संदेश मिल गया। 31 जुलाई, 1940 की तारीख उनकी शहादत के लिए चुनी गई थी। ऊधम सिंह को जब यह खबर मिली तो उनके चेहरे पर

वैसी ही मुसकराहट दौड़ गई, जैसी भगत सिंह जैसे भारत माता के सपूतों के चेहरे पर आई थी। उन्होंने भी फाँसी के फंदे को चूमा था। अब ऊधम सिंह के पास वही मौका आने वाला था। अमर शहीद ऊधम सिंह को यकीन था कि भगत सिंह की फाँसीवाली तारीख को ही उन्हें भी फाँसी पर लटकाया जाएगा। इतना ही नहीं, ऊधम सिंह को विश्वास था कि मृत्यु के बाद वह परलोक में भगत सिंह से गले मिल सकेंगे। उनको यह विश्वास भी था कि उनकी तरह भगत सिंह भी उनसे गले मिलने के लिए व्याकुल होंगे। ये तमाम इच्छाएँ ऊधम सिंह ने इंग्लैंड की बैरिक्स्टन जेल से लिखे पत्र में जाहिर की थीं। 30 मार्च, 1940 को पत्र नंबर 1010 में उन्होंने लिखा कि "मुझे फाँसी का दुःख नहीं, क्योंकि मैं देश का सिपाही हूँ। दस वर्ष पहले मेरा मित्र मुझे छोड़कर दुनिया से चला गया। मुझे यकीन है कि मौत के बाद मैं उससे जरूर मिलूँगा, क्योंकि वह मेरा इंतजार कर रहा है। यह 23 अप्रैल की बात है और मुझे विश्वास है कि मुझे भी इसी तारीख को फाँसी पर लटकाया जाएगा।"

इस पत्र से जाहिर होता है कि फाँसी से बेफिक्र महान् शहीद ऊधम सिंह भगत सिंह के साथ अपनी दोस्ती को अमर बनाना चाहते थे। हालाँकि मुकदमा कुछ लंबा खिंच गया और भगत सिंह की तरह 23 अप्रैल की बजाय ऊधम सिंह की फाँसी की तारीख 31 जुलाई को रखी गई। ऊधम सिंह के बरताव में फाँसी की सजा का ऐलान होने के बाद कोई बदलाव नहीं आया। जेल के कर्मचारियों में बदलाव साफ तौर पर दिखने लगा था। अब ऊधम सिंह का कुछ ज्यादा ही खयाल रखा जा रहा था।

ब्रिक्सटन जेल में जहाँ ऊधम सिंह को रखा गया था, वहाँ फाँसी देने का इंतजाम नहीं था। दरअसल, ब्रिक्सटन जेल को एक सुधार गृह के तौर पर बनाया गया था। पहले महिला कैदियों को वहाँ रखा जाता था, बाद में पुरुषों को रखा जाने लगा। फाँसी के लिए कैदियों को पेंटन-विले जेल में भेजा जाता था। ऊधम सिंह की फाँसी से पहले सजा के खिलाफ

अपील का दिखावा किया जाना बाकी था।

15 जुलाई, 1940 को 'कोर्ट ऑफ क्रिमिनल' अपील ने ऊधम सिंह के माफीनामे की याचिका पर सुनवाई की। जैसी उम्मीद पहले ही की जा रही थी, कोर्ट ने याचिका को खारिज कर दिया। अब यह साफ हो गया था कि ऊधम सिंह को फाँसी दे दी जाएगी। ऊधम सिंह को याचिका के खारिज होने की खबर भी जेल अधिकारियों के जरिए दे दी गई। साथ ही उन्हें यह भी बता दिया गया कि उन्हें पेंटनविले जेल में शिफ्ट किया जाएगा। ऊधम सिंह जानते थे, पेंटनविले लंदन की वह जेल है, जहाँ कैदियों को फाँसी दी जाती है। मौत की सजा मिलने के अगले दिन ऊधम सिंह को पेंटनविले जेल में ले जाया गया। उस जेल को इस तरह बनाया गया था कि एक सेल के कैदी को दूसरे सेल का कैदी नहीं देख सकता था। सिपाहियों की ड्यूटी भी ऐसी जगह पर लगती थी, जहाँ से उनकी नजर सेल में बंद कैदी पर नहीं पड़ती थी। इस लिहाज से देखा जाए तो पेंटनविले जेल में कैदी को पूरी दुनिया से काट दिया जाता था। जेल के अंदर भी जब तक कोई उनके कमरे तक नहीं आए, वह उसे देख नहीं सकता था। ऊधम सिंह को ऐसे ही एक कमरे में रखा गया।

ऊधम सिंह के कमरे की लंबाई 13 फीट, चौड़ाई 7 फीट और ऊँचाई 9 फीट थी। उस कमरे की खिड़की बाहर की तरफ खुलती थी। वहीं गलियारे की तरफ एक वेंटिलेटर जैसा लगा था, जिसमें एक लंबा और बहुत सँकरा सुराख था, जिससे बड़ी मुश्किल से किसी के आने-जाने पर उसे देखा जा सकता था। जेल में करीब 520 कैदियों के रहने की व्यवस्था थी; लेकिन एक-दूसरे से उन्हें इस तरह अलग रखा जाता था कि पूरी जेल में मौत का-सा सन्नाटा पसरा रहता था।

पेंटनविले में सन् 1902 से पहले तक सजा-ए-मौत पानेवाले कैदियों को नहीं रखा जाता था। यहाँ सिर्फ फाँसी देने के लिए कैदियों को लाया जाता था। लेकिन 1902 के बाद यहाँ फाँसी की सजा पाए कैदियों के

एक कलश उनके गाँव सुनाम में रखा गया। दस दिन बाद पाँच कलशों को पंजाब की पाँच नदियों में प्रवाहित किया गया। एक कलश सुनाम से हरिद्वार लाया गया। ऊधम सिंह की अस्थियों को हरिद्वार की गंगा नदी में प्रवाहित किया गया। आठवाँ कलश अमृतसर के जलियाँवाला बाग लाया गया। वहीं उन्होंने अपनी सबसे बड़ी क्रांतिकारी घटना को अंजाम देने का प्रण किया था। आज भी ऊधम सिंह की अस्थियों का एक कलश जलियाँवाला बाग में सहेजकर रखा गया है।

गंगा और पंजाब की नदियों में ऊधम सिंह की अस्थियों के विसर्जन के साथ ही एक क्रांतिकारी की अंतिम इच्छा पूरी हुई। भारत माता का सपूत अब उसकी गोद में चैन की नींद सो रहा था। अपनी मातृभूमि के लिए जन्म लेनेवाले ऊधम सिंह अब उसी में विलीन हो चुके थे। शरीर पंच तत्त्वों में समाहित हो चुका था, लेकिन शहीद ऊधम सिंह का नाम अमर हो चुका था।

□□□

उस धरती की तरफ ऊधम सिंह के अवशेष बढ़ रहे थे, जिस धरती पर वे पैदा हुए, पले-बढ़े और खेले थे। उदे सिंह की अंतिम इच्छा यही थी कि उनकी अस्थियों को उनके गाँव सुनाम में दफनाया जाए। हरियाणा के रास्ते उनकी अस्थियाँ चंडीगढ़ लाई गईं। लुधियाना, चंडीगढ़ और पंजाब के दूसरे शहरों से होती हुई उनकी अस्थियाँ अमृतसर पहुँचीं। अस्थियों को तीन अलग-अलग कलशों में रखा गया था। अस्थियों का कलश जलियाँवाला बाग लाया गया। इसी जलियाँवाला बाग की सौगंध खाकर ऊधम सिंह इंग्लैंड पहुँचे थे और उस सौगंध को पूरा किया था। जलियाँवाला बाग में उनकी अस्थियों पर फूल अर्पण किए गए। पूरा अमृतसर शहर जलियाँवाला बाग की तरफ रुख कर रहा था।

अस्थियाँ अब अमृतसर से पठानकोट और पंजाब के शहरों से होती हुई संगरूर पहुँचीं। यहाँ संगरूर के सभी बड़े अधिकारियों समेत पंजाब सरकार के प्रभारी मंत्री मौजूद थे। संगरूर से पटियाला और पटियाला से उनकी अस्थियाँ पटरान पहुँचीं। यहाँ सुनाम के एस.डी.एम. ने जुलूस के स्वागत का पूरा इंतजाम कर रखा था।

31 जुलाई को जब वह जुलूस सुनाम की ओर चला तो उसका नेतृत्व पंजाब के मुख्यमंत्री ज्ञानी जैल सिंह ने किया। एन.सी.सी. के कैडेट्स ने शहीद ऊधम सिंह को सलामी दी। पूरे सुनाम के लोग अपने वीर सपूत को श्रद्धांजलि देने के लिए मौजूद थे। सुनाम में लोगों की खुशी का ठिकाना नहीं था। ऊधम सिंह की अस्थियों के रूप में जैसे गाँव का लाल एक बार फिर से अपनी माँ के पास लौट आया था।

ऊधम सिंह को श्रद्धांजलि देने दूर-दराज से आए लोगों समेत सुनाम के निवासियों के लिए एक जलसा आयोजित किया गया। सुनाम में ऊधम सिंह की याद में जश्न का माहौल था। शाम को विधिवत् रूप से उनका अंतिम क्रिया-कर्म किया गया। सिख ग्रंथियों के सामने शहीद ऊधम सिंह की अस्थियों को आठ अलग-अलग कलशों में डाला गया।

केंद्र सरकार के मंत्रियों ने ऊधम सिंह के अवशेष स्वीकार किए। हवाई अड्डे से एक यात्रा निकली। हवाई अड्डे से जब ऊधम सिंह की अस्थियों का कलश बाहर आया तो लोगों के नारों से दिल्ली हिल उठी। मीलों दूर तक सड़क पर जन सैलाब उमड़ पड़ा था। ऊधर रेडियो पर ऊधम सिंह को लेकर खबरें प्रसारित की जाने लगीं। ऊधम सिंह के क्रांतिकारी कारनामे को गर्व से बताया जा रहा था।

ऊधम सिंह की कलश-यात्रा में लोग कई मील तक पैदल चलते चले जा रहे थे। ऊधम सिंह की अस्थियों को दिल्ली में कपूरथला हाउस लाया गया। वहाँ भारत की प्रधानमंत्री इंदिरा गांधी ने अस्थियों को आदरपूर्वक स्वीकार किया। प्रधानमंत्री होने के साथ-साथ इंदिरा गांधी भारतीय शहीद स्मारक समिति की अध्यक्ष भी थीं। इंदिरा गांधी ने इस बात पर खुशी जताई कि ऊधम सिंह के अवशेष चौंतीस वर्ष बाद ही सही, लेकिन उस धरती पर पहुँचे, जिसकी आजादी के लिए उन्होंने अपनी कुर्बानी दी। इंदिरा गांधी ने यह भी साफ तौर पर कहा कि उन्होंने आजादी के लिए उग्रपंथी रवैया अपनाया, क्योंकि उनके पास अंग्रेजों से लड़ने का कोई और रास्ता नहीं था। प्रधानमंत्री ने कहा कि ऊधम सिंह का नाम पूरे देश में उन शहीदों की तरह ही इज्जत से लिया जाएगा, जिन्होंने अपने प्राण देश की आजादी के लिए न्योछावर कर दिए।

कपूरथला हाउस में सभी राजनीतिक दलों के अध्यक्ष, दिल्ली के बड़े नेता और मेयर तथा सभी राजनीतिक पार्टियों व संगठनों के कार्यकर्ता मौजूद थे। ऊधम सिंह की अस्थियों पर श्रद्धा सुमन अर्पित करनेवालों का ताँता लगा था। लोगों के दर्शन के लिए अस्थियों को तीन दिन तक कपूरथला हाउस में ही रखा गया। इन तीन दिनों में एक मिनट के लिए भी कपूरथला हाउस में हलचल कम नहीं हुई।

तीन दिनों तक लोगों ने अस्थियों के दर्शन किए। चौथे दिन ऊधम सिंह की अस्थियाँ उनके पैतृक गाँव सुनाम के लिए निकलीं। सुनाम की

जेल पहुँचा। ऊधम सिंह की अंतिम इच्छा पूरी होने की घड़ी एकदम करीब आ गई। जेल अधिकारियों की मदद से ऊधम सिंह की अस्थियाँ चुनी गईं। लंदन में बसे भारतीय लोगों ने ब्रिटेन सरकार के फैसले का स्वागत किया।

शहीद ऊधम सिंह की अस्थियों के लंदन से रवाना होने से पहले हवाई अड्डे के बाहर बड़ी संख्या में भारतीय इकट्ठा थे। भारत से आए शिष्टमंडल को लोगों ने विदा किया। चार सदस्यों का वह दल 19 जुलाई, 1974 को एयर इंडिया के विमान से नई दिल्ली हवाई अड्डे पहुँचा। ऊधम सिंह की अस्थियाँ भारत आने वाली हैं, यह खबर पहले से ही फैल चुकी थी। हजारों की तादाद में लोग नई दिल्ली हवाई अड्डे पर इकट्ठा थे। ऊधम सिंह भारतीय स्वतंत्रता संग्राम के हीरो बन चुके थे। सुबह से ही लोगों का हुजूम हवाई अड्डे के बाहर ऊधम सिंह के अवशेषों का इंतजार कर रहा था। एयर इंडिया का बोइंग विमान सुबह 9 बजे दिल्ली हवाई अड्डे पर उतरा। जैसे ही विमान ने पालम हवाई अड्डे के रनवे को छुआ, लोगों का जोश दोगुना हो गया। नारेबाजी शुरू हो गई, ''ऊधम सिंह अमर रहें!'', ''भारत माता का बेटा कैसा हो, ऊधम सिंह के जैसा हो।''

हवाई अड्डे पर शहीद ऊधम सिंह की अस्थियों का स्वागत करनेवालों में तत्कालीन कांग्रेस अध्यक्ष शंकर दयाल शर्मा और पंजाब के मुख्यमंत्री ज्ञानी जैल सिंह शामिल थे। कई केंद्रीय मंत्री भी हवाई अड्डे पर पहुँच चुके थे। पंजाब सरकार के बड़े मंत्री दो दिन पहले ही दिल्ली में मौजूद थे। अस्थियों के दिल्ली पहुँचते ही उन्हें एक बड़े कलश में रखा गया। उस कलश को तिरंगे में लपेट दिया गया। उस कलश को दिल्ली की सड़कों से होते हुए कपूरथला हाउस पहुँचना था। अस्थियों के कलश को ले जाने के लिए एक वाहन को फूल-मालाओं से सजाकर पहले ही हवाई अड्डे पर तैयार रखा गया था। पंजाब और

लिए अलग से कमरे बनाए गए। ऊधम सिंह जब पेंटनविले लाए गए तो उन्हें भी ऐसे ही एक कमरे में रखा गया। पहले दिन किसी भी कैदी के लिए बहुत भारी गुजरता है। यही वजह है कि किसी भी नए कैदी के आने पर उससे जेल के अधिकारी मिलने आते हैं। कोर्ट ने ऊधम सिंह के मामले में कुछ खास हिदायतें दी थीं। इसलिए पहले दिन उनसे मिलने तीन अफसर आए। इंग्लैंड के उस इलाके के डिप्टी गवर्नर, जेल के चीफ ऑफिसर और जेल के डॉक्टर ऊधम सिंह के कमरे में आए। डिप्टी गवर्नर ने उनसे हाल-चाल पूछा। डॉक्टर ने उनकी तबीयत पूछी और जाँच में जुट गए। जेल के चीफ ऑफिसर ने कहा कि उन्हें किसी तरह की दिक्कत हो तो वह जेल के किसी भी अधिकारी से जब चाहें, बता सकते हैं। पेंटन-विले जेल भी ब्रिटेन के शाही परिवार की देखरेख में चलती थी। ब्रिटेन की महारानी की तरफ से खास हुक्म थे कि जिस कैदी को मौत की सजा मुकर्रर की गई हो, उसे फाँसी से पहले किसी प्रकार का कष्ट नहीं होना चाहिए। बाकी कैदियों को सुबह 6 बजे से शाम 7 बजे तक अलग-अलग कामों में लगाया जाता था, लेकिन ऊधम सिंह को किसी भी तरह के शारारिक श्रम से दूर रखा गया। यही नहीं, जाँच करने आए डॉक्टर ने उनसे पूछा कि वह जरा सा भी तनाव महसूस कर रहे हों तो उन्हें मनोचिकित्सक की मदद मुहैया कराई जा सकती है। ऊधम सिंह ने तीनों अफसरों का शुक्रिया अदा किया और कुछ किताबें भिजवाने की बात कहकर चुपचाप लेट गए।

पेंटनविले जेल में कैदियों को एक खास कपड़ा पहनाया जाता था। उन्हें वे कपड़े दे दिए गए। मौत की सजा पाए कैदियों का कमरा इस तरह बनाया गया था कि कैदी खुद को किसी भी प्रकार से नुकसान न पहुँचा सके। यही वजह है कि ऊधम सिंह से उनके चश्मे भी जेलर ने अपने दफ्तर में जमा करवा लिये। उन्हें डर था कि कहीं ऊधम सिंह शीशे से अपनी नस काटकर आत्महत्या की कोशिश न करें। नहाने से लेकर शौच

जाने तक का इंतजाम कमरे के अंदर ही था।

जेल के चीफ ऑफिसर ने सबको आदेश दे रखा था कि ऊधम सिंह को बिना वजह परेशान न किया जाए। उनके कमरे में चीफ ऑफिसर की इजाजत लेकर ही कोई जा सकता था। सुबह से शाम तक हर चीज का एक तय समय था। उन्हें सुबह 5 बजे जगा दिया जाता था। ढाई घंटे बाद नाश्ता दिया जाता था। दिन का खाना दोपहर 12 बजे तक उनके कमरे में पहुँचा दिया जाता था। शाम को चाय और फिर 7 बजे से पहले-पहले पीने के लिए जूस दिया जाता था। कमरे से बाहर आने का मौका चौबीस घंटे में सिर्फ एक बार मिलता था। शाम को एक घंटे के लिए ऊधम सिंह को कमरे के सामने छोटे से मैदान में रखा जाता था। इस घंटे में वह एक कोने से दूसरे कोने तक टहलते थे। पूरे दिन उन्होंने क्या किया, क्या खाया, कोई शिकायत की या नहीं, इसकी देख-रेख के लिए चीफ ऑफिसर ने कई अफसरों को लगा रखा था। ऊधम सिंह पढ़ने में ज्यादा वक्त बिताते थे, इसलिए इस बात का भी खयाल रखा जाता था कि किताबों की कमी न हो। जेल की लाइब्रेरी से उनके लिए हर दिन किताबें निकाली जाती थीं। वह अंग्रेजी में लिखी किताबें ही पढ़ते थे।

एक-एक दिन बीतते चले गए और ऊधम सिंह की शहादत का वह दिन भी आ गया। 31 जुलाई, 1940 का दिन उन्हें फाँसी पर चढ़ाए जाने के लिए तय किया गया था। इस तारीख को सुबह 5 बजे हर दिन की तरह ऊधम सिंह को जगाने एक सिपाही आया। उसने देखा, वह नहा-धोकर मंत्र जप रहे हैं। उसने चाय की प्याली रखी और चुपचाप वहाँ से चला गया। आधे घंटे बाद जेल का डॉक्टर उनके कमरे में आया। ऊधम सिंह ने उस दिन भी उनका वैसे ही मुसकराते हुए स्वागत किया। डॉक्टर ने जाँच में पाया कि ऊधम सिंह एकदम सामान्य थे। न ब्लड प्रेशर में कोई उतार-चढ़ाव था, न नब्ज असामान्य थी। ऊधम सिंह खुश नजर आ रहे थे। जाँच पूरी करने के बाद डॉक्टर भी चले गए।

इसी दौरान जेल का अफसर आया। उसने कहा, "आपको आज सुबह ठीक 9 बजे फाँसी दी जाएगी।"

ऊधम सिंह ने उसकी बात सुनी और सिर हिलाकर मुसकरा दिए।

तय समय पर चीफ ऑफिसर के साथ सिपाही उनके कमरे तक आए। ऊधम सिंह को कमरे से बाहर लाया गया। वक्त हो रहा था 8 बजकर 50 मिनट। सूरज की किरणें रोशनी बिखेर रही थीं। एक बार में ऊधम सिंह ने अपनी पूरी जिंदगी की घटनाओं को याद किया। उनके दिमाग में जलियाँवाला बाग में गोलियों की गूँज और एक-एक कर मौत के मुँह में समाते बूढ़ों, बच्चों व महिलाओं की चीख सुनाई पड़ी और फिर उनके दिमाग में घूमी कैक्सटन हॉल में माइकल ओ डायर की तरफ दागी गई गोलियाँ और धराशायी होते डायर की तसवीर। वह मन-ही-मन मुसकराते हुए जेल की ऊँची-ऊँची दीवारों से होते हुए फाँसी के फंदे की तरफ बढ़ गए। उनके मन में किसी तरह का न भय था, न अफसोस। वह मन-ही-मन सोच रहे थे। बस, एक तसवीर अपनी आँखों से नहीं देख पाया। भारत माता को आजाद देखने की उनकी हसरत अधूरी रह गई।

फाँसी के चबूतरे के पास सारा इंतजाम हो चुका था। एक मजिस्ट्रेट, पुलिस अफसर, जेल के चीफ ऑफिसर और डाक्टर वहाँ मौजूद थे। चारों एक कतार में खड़े थे। ऊधम सिंह ने उन अफसरों को देखते ही 'इनकलाब जिंदाबाद' के नारे लगाए। जेलर ने अपनी घड़ी देखी। वक्त हो रहा था 8 बजकर 58 मिनट। फाँसी में सिर्फ दो मिनट का वक्त बाकी था। सिपाहियों को इशारा किया गया कि वह ऊधम सिंह को चबूतरे पर ले जाएँ।

ऊधम सिंह के कदम फाँसी के फंदे की तरफ खुद-ब-खुद बढ़ गए। फंदे को देखकर उन्हें अपने गुरु भगत सिंह की याद आ गई। एक दिन था जब ऊधम सिंह अपने जेल के कमरे में कैद थे और उसी जेल में भगत सिंह को फाँसी दी गई थी। उनकी जिंदगी में वह दिन नौ साल बाद

आया, जब खुद उन्हें फाँसी के फंदे को गले लगाना था।

जल्लाद ने ऊधम सिंह के चेहरे पर काला कपड़ा पहनाया। कपड़ा पहनते ही उन्होंने अपनी एड़ियाँ ऊपर की, ताकि जल्लाद उनके गले में फाँसी का फंदा आसानी से डाल सके। जल्लाद ने गाँठ को अपने हाथ से टटोलकर देखा और अपनी नजर जेलर की तरफ दौड़ा दी। जेलर ने एक बार फिर अपनी नजर घड़ी पर दौड़ाई। समय को नोट किया गया। वक्त हो रहा था 9 बजकर 10 सेकंड। जेलर ने अपना दाहिना हाथ ऊपर उठाया। जल्लाद का हाथ तख्ते के लीवर पर था। जेलर ने हाथ नीचे गिराया और जल्लाद के लीवर नीचे दबाते ही तख्ता ऊधम सिंह के पैरों के नीचे से खिसक गया। भारत माता के महान् सपूत ने हँसते-हँसते अपने प्राण त्याग दिए। उनके मुँह से निकले आखिरी शब्द थे—ओम शांति, ओम शांति। इन शब्दों के बाद सन्नाटा छा गया।

पेंटनविले जेल के अधिकारियों ने उनके शव को दफनाने की तैयारी कर रखी थी। पेंटनविले जेल में जितने कैदियों को फाँसी दी जाती थी, उन्हें जेल के पीछे कब्रिस्तान में दफना दिया जाता था। मगर ऊधम सिंह एक हिंदुस्तानी थे। कायदे से उन्हें फाँसी दिए जाने के बाद उनका शव भारत भेज दिया जाना चाहिए था। लेकिन ब्रिटिश सरकार ने कोर्ट से अपील की थी कि ऊधम सिंह को पेंटनविले जेल में ही दफनाया जाए। ब्रिटिश सरकार को इस बात का भी डर था कि उनका पार्थिव शरीर हिंदुस्तान पहुँचा तो क्रांति की चिनगारी भड़क उठेगी। आजादी का आंदोलन अंग्रेजी शासन की जड़ें हिला देगा। दूसरी तरफ ऊधम सिंह ने कोर्ट में अपील की थी कि उनके पार्थिव शरीर को हिंदुस्तान भेज दिया जाए। ऐसा माना जाता है कि मृत्युदंड पानेवाले कैदी की जहाँ तक हो सके, अंतिम इच्छा मान ली जाती है। मगर कोर्ट ने ऊधम सिंह की आखिरी इच्छा को भी नजरअंदाज कर दिया। कोर्ट ने फैसले में कहा कि ऊधम सिंह को मौत के बाद पेंटनविले जेल परिसर में ही दफनाया जाए, जैसाकि पेंटनविले जेल में फाँसी पानेवाले

अन्य कैदियों को दफनाया जाता है।

पेंटनविले जेल में ऊधम सिंह की फाँसी की काररवाई पूरी होते ही उन्हें दफनाने की तैयारी शुरू हो गई। जेल अधिकारियों ने उनके लिए काले रंग का एक बक्सा बनवाया था। उनके शरीर को उसमें रखा गया और पेंटनविले जेल के पीछे खोदी गई कब्र तक ले जाया गया। पुलिस अफसर, जेल अधिकारियों और कोर्ट के प्रतिनिधि की देख-रेख में ऊधम सिंह को दफना दिया गया।

ऊधम सिंह को फाँसी दिए जाने की खबर लंदन में उनके दोस्तों तक पहुँच चुकी थी। जर्मन रेडियो ने भी ऊधम सिंह को फाँसी दिए जाने की खबर का प्रसारण करना शुरू कर दिया। उस दौरान दूसरा विश्व युद्ध छिड़ा हुआ था। जर्मनी और ब्रिटेन एक-दूसरे से युद्ध लड़ रहे थे। जर्मनी ने ब्रिटेन के साम्राज्यवादी और अत्याचारी चेहरे को उजागर करने के लिए ऊधम सिंह की फाँसी को एक और बर्बर अत्याचार के रूप में प्रसारित करना शुरू कर दिया। भारत में भी सबसे पहले यह खबर जर्मन रेडियो के जरिए ही पहुँची। पूरे देश में शोक की लहर दौड़ गई। ब्रिटिश हुकूमत के खिलाफ लोगों का गुस्सा भड़क उठा। पंजाब में ऊधम सिंह के क्रांतिकारी कारनामों की चर्चा शुरू हो गई। भारत में जब यह खबर पहुँची कि ऊधम सिंह को इंग्लैंड में ही दफना दिया गया तो इसका भारी विरोध हुआ। अंग्रेजों को भारत से निकल जाने का दबाव बनानेवाले कांग्रेस के नेताओं ने ब्रिटिश सरकार की कड़ी निंदा की। ऊधम सिंह के रिश्तेदारों ने भारत के महान् क्रांतिकारी की अस्थियाँ भारत लाने की माँग तेज कर दी। कांग्रेस ने भी भारत में अंग्रेजी सरकार पर दबाव बनाया। लेकिन अंग्रेज सरकार आंदोलन को और हवा नहीं देना चाहती थी। उसने इन माँगों को अनसुना कर दिया। ऊधम सिंह को अपनी भारत माता की गोद में सोने के लिए अगले 34 साल तक इंतजार करना पड़ा।

□

विसर्जन-10

ऊधम सिंह चाहते थे कि उनकी शहादत के बाद उनकी अस्थियों को भारत में उनके गाँव सुनाम में दफनाया जाए। 31 जुलाई, 1940 को, जिस दिन अंग्रेजों ने ऊधम सिंह को फाँसी पर लटकाया, उस दिन भी इंग्लैंड में उनके दोस्तों, सिख समुदाय के लोगों ने जेल से संपर्क किया। सब चाहते थे कि ऊधम सिंह को फाँसी पर लटकाने के बाद उनका अंतिम संस्कार विधिवत् तरीके से किया जाए। शिव सिंह समेत कई भारतीय लोगों ने ब्रिटेन की सरकार से अपील की कि ऊधम सिंह का शरीर उन्हें सौंप दिया जाए। मगर कोर्ट के फैसले का हवाला देते हुए ब्रिटेन सरकार ने कोई सुनवाई नहीं की। पेंटनविले जेल के आस-पास तो ऊधम सिंह से जुड़े किसी व्यक्ति को पुलिस ने फटकने तक नहीं दिया। इंग्लैंड में बसे भारतीयों ने सरकार पर दबाव बनाया, लेकिन इसका भी कोई असर नहीं हुआ। अंग्रेजों की मनमानी के आगे सब असहाय थे।

अब एक ही गुंजाइश थी कि ऊधम सिंह की अस्थियाँ भारत लाई जाएँ और उन्हें उनकी जन्मभूमि में विसर्जित कर उनकी अंतिम इच्छा पूरी की जाए। आजादी से पहले तक अंग्रेजों ने भारत सरकार की इस माँग पर कोई ध्यान नहीं दिया। आजादी के संघर्ष में सबसे आगे रहनेवाली कांग्रेस पार्टी को भी इसकी सुध नहीं थी। सन् 1947 में देश आजाद हो

गया, लेकिन ऊधम सिंह की अंतिम इच्छा पूरी नहीं हुई। आजादी के बाद भारत में ऊधम सिंह की अस्थियों को वापस लाने की माँग उठती रही। जिस ऊधम सिंह ने जाति और मजहब से ऊपर रखने के लिए अपना नाम 'राम मोहम्मद सिंह आजाद' रखा था, अब उनकी अस्थियाँ लाने का मुद्दा सिर्फ उनके राज्य पंजाब तक सीमित रह गया था। पंजाब में भी उनके गाँव सुनाम के कुछ लोगों ने दबाव बनाया। मगर आजादी के 37 साल बाद भी ऊधम सिंह की अस्थियाँ भारत लाने पर कोई ठोस काररवाई नहीं हुई।

अगर ऊधम सिंह का मामला सियासी मुद्दा नहीं बनता तो शायद 37 साल बाद भी ऊधम सिंह पेंटनविले जेल की कब्र में अपनी मिट्टी में विलीन होने के लिए तरसते रह जाते। सन् 1972 में पंजाब में चुनाव आने वाले थे और कांग्रेस को मुद्दों की तलाश थी। 1970 के पहले से ही कांग्रेस को शिरोमणि अकाली दल ने कड़ी टक्कर देनी शुरू कर दी थी। पंजाब में 65 फीसदी सिख आबादी है और कांग्रेस तथा अकाली दल के बीच वोटों का ध्रुवीकरण शुरू हो चुका था। अकाली दल भावनात्मक मुद्दों को उठाकर सिखों को अपनी तरफ करने का प्रयास कर रही थी तो दूसरी तरफ कांग्रेस जातिगत समीकरणों से उसका तोड़ ढूँढ़ने में लगी थी। 17 मार्च, 1972 को ज्ञानी जैल सिंह के नेतृत्व में कांग्रेस ने पंजाब में अकाली दल को हराकर सत्ता में वापसी की। अकाली दल ने कांग्रेस सरकार की मुश्किलें बढ़ाने के लिए चुन-चुनकर मुद्दों को उठाना शुरू किया। ऊधम सिंह की अस्थियों को भारत लाने का मुद्दा भी उन्हीं में से एक था।

इससे पहले कि अकाली दल कांग्रेस पर दबाव बनाती, सुल्तानपुर लोधी के कांग्रेस विधायक साधु सिंह कंबोज ने पंजाब विधानसभा में ऊधम सिंह की अस्थियाँ भारत लाए जाने का मुद्दा उठाया। सुल्तानपुर लोधी विधानसभा क्षेत्र में ही ऊधम सिंह का गाँव सुनाम आता था।

विधायक साधु सिंह ने निजी तौर पर मुख्यमंत्री ज्ञानी जैल सिंह से मुलाकात की और उन्हें एक ज्ञापन सौंपा। उस ज्ञापन में यह माँग की गई कि पंजाब सरकार विधानसभा में एक प्रस्ताव पास करे। प्रस्ताव में भारत सरकार से यह माँग की जाए कि वह ब्रिटेन की सरकार से बात करे और शहीद ऊधम सिंह की अस्थियाँ भारत लाई जाएँ।

सन् 1974 में पंजाब विधानसभा में एक प्रस्ताव पारित किया गया। मुख्यमंत्री ज्ञानी जैल सिंह की सरकार ने केंद्र सरकार को यह प्रस्ताव भेजा। केंद्र में उस वक्त इंदिरा गांधी की सरकार थी। कुछ राजनीतिक जानकारों के मुताबिक, पहले केंद्र सरकार ने इसमें ज्यादा दिलचस्पी नहीं दिखाई। फिर उसे इस मुद्दे से राजनीतिक लाभ उठाने का अवसर नजर आया। आखिरकार केंद्र सरकार ने पंजाब सरकार के प्रस्ताव पर अपनी मुहर लगा दी। केंद्र ने अब पंजाब सरकार से कहा कि वह एक प्रतिनिधिमंडल बनाए, ताकि उसे ब्रिटेन जाकर ऊधम सिंह की अस्थियाँ लाने की जिम्मेदारी सौंपी जा सके। इस बीच केंद्र सरकार ने ब्रिटेन सरकार को पंजाब सरकार का प्रस्ताव भेजा। इंदिरा गांधी ने भारत में ब्रिटेन के राजदूत पर दबाव बनाया। ब्रिटेन की सरकार ऊधम सिंह की अस्थियाँ भेजने पर राजी हो गई। पंजाब सरकार ने ब्रिटेन जानेवाले शिष्टमंडल का गठन किया। उस शिष्टमंडल में पंजाब के आबकारी मंत्री, मुख्य सचिव, सांसद जनरल मोहन सिंह, जो आई.एन.ए. के सदस्य रह चुके थे और साधु सिंह कंबोज शामिल थे। भारत से यह शिष्टमंडल इंग्लैंड के लिए रवाना हुआ। ब्रिटेन सरकार ने उस शिष्टमंडल का स्वागत किया और पेंटनविले जेल प्रशासन को ऊधम सिंह की अस्थियाँ सुपुर्द किए जाने के आदेश दिए। शिष्टमंडल ने ब्रिटेन सरकार से कहा कि लंदन में बसे भारतीय लोगों का एक दल पेंटनविले जेल भेजा जाए और पूरे सम्मान के साथ ऊधम सिंह की अस्थियाँ इकट्ठा की जाएँ। ब्रिटेन सरकार इसके लिए राजी हो गई। लंदन से एक दल पेंटनविले